DIE SCHÖNSTEN
KÄRNTNER SEEN

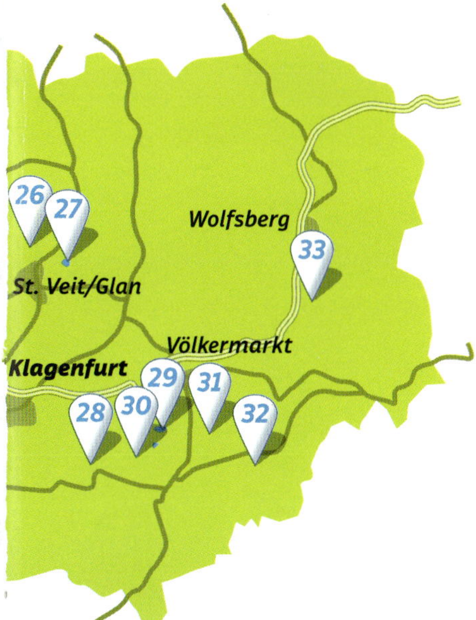

Claudia Lux

DIE SCHÖNSTEN KÄRNTNER SEEN

33 Ausflüge für Genießer

styria regional
CARINTHIA

Wolayersee

Das Glanzstück des Naturschutzgebietes Wolayersee auf der Kärntner Seite des Karnischen Hauptkammes: der gleichnamige 4 Hektar große See auf 1951 Meter Seehöhe. Er hat einen unterirdischen Abfluss und wird von Quellen auf dem Grund des 14 Meter tiefen Wassers gespeist. Seine Oberflächentemperatur übersteigt kaum die 16-Grad-Grenze. Das klare Gebirgswasser beherbergt tierisches und pflanzliches Plankton, aber keine Fische.

Massagen für Eroberer. Wenn die Steine doch reden könnten! Wie oft ist dieser Wunsch schon gedacht oder ausgesprochen worden? Am Karnischen Hauptkamm wird er wahr. Der Wolayersee hat, auf der Karte betrachtet, sogar die Form einer Sprechblase. Was das Gewässer an der Grenze von Österreich und Italien zu sagen hat, erklärt mir Geologe Hans Peter Schönlaub. Doch erst steht uns eine längere Wanderung bevor, die vor allem Ausdauer erfordert. Denn der Wolayersee will erobert werden. Eleganz, Geheimnisse und Schönheit gibt es hier nicht ganz mühelos. Selbst die kürzeste Strecke ist hin und zurück kaum unter 6 Stunden zu erwandern. Viel Zeit, um sich im Zentrum „der Karnischen" mit der Natur auseinanderzusetzen. Die Tour steht bei den meisten naturliebenden Kärntnern auf der „Will-ich-unbedingt-einmal-machen"-Liste (Neuhochdeutsch: To do!). Dennoch ist die Gegend vom Massentourismus verschont geblieben. Das Wolayertal war übrigens ein beliebtes kaiserliches Urlaubsziel. Von Birnbaum im Lesachtal aus begrüßte man hier 1908 Thronfolger Erzherzog Franz Ferdinand, der auf Gämsenjagd ging.

Trotzdem staune ich nicht schlecht, als ich plötzlich auf der Wolayerseehütte von Massageterminen höre. Ein Spa auf 1956 Meter Seehöhe? Berglaufweltmeister Martin Hohenwarter bietet ein Mal in der Woche müden Wanderern ein bemerkenswertes Service: Der Heilmasseur behandelt verkrampfte Wadeln oder sorgt einfach nur für Entspannung. Dafür kommt er selbst jedes Mal zu Fuß zur Wolayerseehütte – ich bin mir sicher, er schafft den Aufstieg ganz locker unter zwei Stunden.

In Stein gehauene Erinnerung an die Gefallenen an der Gebirgsfront im Ersten Weltkrieg.

Urzeitliche Zeugen. Wir stehen vor der Wolayerseehütte, dem Ausgangspunkt des Geotrails. Dieser Platz faszinierte schon 1896, als hier die Hütte von der Sektion Obergailtal des damaligen Deutschen und Österreichischen Alpenvereins erbaut wurde. Nach ihrer Zerstörung bei Frontkämpfen im Ersten Weltkrieg wurde sie 1923 unter Eduard Pichl, der damals Obmann der Alpenvereinssektion Austria war, wiederaufgebaut und nach ihm benannt. Pichl war Antisemit und setzte 1921 – also lange vor der NS-Machtergreifung – den Arierparagrafen in seiner Alpenvereinssektion

„Austria“ durch. Erst 2002 bekam die Wolayerseehütte ihren ursprünglichen Namen zurück, weshalb man heute noch hin und wieder in einigen Wanderführern von der Pichl-Hütte liest.

Der Blick auf die majestätischen Berge des Biegengebirges mit Seekopf, Seewarte, Hoher Warte und Rauchkofel begeistert. Rund um das Gewässer hat der Geopark Karnische Alpen einen Geotrail errichtet, der die farbenprächtigen Felsen erklärt. Ich tauche mit Hans Peter Schönlaub in die versteinerte Geschichte ein. „Ein Meer hat sich hier vor rund 460 Millionen Jahren ausgebreitet, es bestand bis vor 320 Millionen Jahren“, erklärt mir Schönlaub. Es war ein Ozean mit allem Drum und Dran: Korallenriff, Vorfahren der Tintenfische, Muscheln, Schnecken, Seelilien.

Eingebettet in die schroffen Felswände der Karnischen Alpen liegt die Wolayerseehütte.

Die Geburt der Berge. Die Idylle wurde durch die Entstehung der heutigen Gebirge zerstört. Gesteine wurden verschoben und übereinandergestapelt, die Karnischen Alpen wie auch die Gailtaler Alpen wurden geboren. „Das Meer verschwand, kam aber wieder. Nur hier am Wolayersee kehrte es nicht mehr zurück“, so Schönlaub. Damit öffnet sich ein Zeitfenster in Jahrmillionen Erdgeschichte.

Der einstige Meeresgrund zeigt sich an dieser Stelle nahe der Wolayerseehütte im roten Flaserkalk oder Findenig-Kalk. In der netzartigen Struktur, die Geologen bis heute nicht erklären können, finden sich unter Vergrößerung versteinerte Reste von Plankton und winzigen Meeresbodenbewohnern. Der tonreiche Kalkschlamm hat sich vor 390 Millionen Jahren in rund 100 Metern Meerestiefe abgelagert und enthält in Spuren das Eisenmineral Hämatit, der auch als Blutstein bekannt ist. Daher die rötlichen Färbungen, die mich an Marmor erinnern.

„Am Wolayersee begegnen sich geologische Welten. 450 Millionen Jahre altes Gestein trifft auf jüngeren Kok-Kalk. Zwischen den Steinen liegen aber 20 Millionen Jahre“, sagt Schönlaub. Der Weg führt uns über den hellgrauen Wolayer-Kalk, das zweitälteste Gestein, durch einen Laufgraben aus dem Ersten Weltkrieg auf 2175 Meter

Seehöhe hin zum grauen Kok-Kalk. „Diese zeitliche Lücke ist wissenschaftlich nicht geklärt. Vermutlich hat es eine Erhebung des Meeresbodens gegeben“, erklärt der Geologe und fügt hinzu: „Man sieht schon mit freiem Auge, dass es hier viele Fossilien gibt.“

Uropa der Tintenfische. Ich selbst muss schon genauer schauen. Tatsächlich sehe ich große, spitzkegelige Einschlüsse, die etwas über einen halben Meter lang sind: Orthoceren oder Geradhörner. Diese Vorfahren der Tintenfische hatten eine ausgeklügelte Gaskammernkonstruktion in ihren Gehäusen, die ihnen das Vorwärtskommen ermöglichte. Unter Geologen sind die „Oldtimer der Meere“ besonders begehrt.
Im dunkelgrauen Kalk sind auch helle, blumenartige Kreise mit zirka 20 Zentimetern Durchmesser zu erkennen. „Das sind Seelilien.“ Diese Tiere hatten eine große Schwimmblase, mit der sie an der Oberfläche des Meeres trieben. Der Körper selbst befand sich mit einer Art Tentakeln unter Wasser, wo die Tiere in flachen Meereszonen lebten. „Sie sind für uns Geologen Zeitmarken, denn auf der ganzen Welt traten diese Seelilien zur gleichen Zeit, vor rund 400 Millionen Jahren, auf“, so Schönlaub.

Stürmische Zeiten. Weiter geht es entlang der Felsen, die viele Millionen versteinerter Jahre beinhalten. Westlich des Valentintörls findet sich das mit 330 Millionen Jahren jüngste Sedimentgestein aus der Karbonzeit. Dieses stark verfaltete Gestein ist grundverschieden zu den vorher gesehenen. Die zusammengepressten Sandschichten werden als „Hochwipfel-Formation“ bezeichnet und zeugen von der Geburt der urzeitlichen Karnischen Alpen. Die beiden Urkontinente Laurasia und Gondwana prallten aufeinander und schoben Berge auf, andere versanken während der variszischen Orogenese oder Gebirgsbildung, die für Geologen eines der großen Ereignisse der Erdgeschichte darstellt. Das Leben im Urzeitmeer wurde unwirtlich: Riffe „ertranken“, Felsen verschoben sich, der Meeresboden wurde gedehnt, Gesteinsplatten zerbrachen, Geröll und Sand lagerten sich ab. Ältere Gesteine wurden zusammengepresst, verfaltet und unter hohen Drucken und Temperaturen zu neuem metamorphen Gestein umgewandelt.

Stürmische Zeiten, über die sich in der Eiszeit schlussendlich die Ruhe des Eises legte. Der mächtige Wolayergletscher hielt sich für lange Zeit. Noch vor rund 70 Jahren war das Wolayertal von einer dicken Firnschneeschicht bedeckt, die auch im Sommer nicht wich. Heute schmilzt der Schnee gewöhnlich bis Ende Juli ab und gibt einen riesigen Gesteinsblock frei. Wie fast der gesamte Schutt im Wolayertal, besteht dieser aus Resten von Seelilien, versteinerten Korallen und Conodonten, das sind winzige zahn- und blattähnliche Gebilde eines fischähnlichen Wesens, das vor 160 Millionen Jahren ausgestorben ist. Im Schuttfeld am Fuß der Seewarte finden sich Überreste eines urzeitlichen Riffes. „Davon sind höchstens 10 Prozent fossil erhalten. Der Rest wurde im Laufe des Entstehungs- und Zerstörungsprozesses, die einem Riff eigen sind, zerkleinert, umkrustet und fest miteinander verkittet“, sagt Schönlaub.

Seelilien trieben vor Jahrmillionen mit großen Schwimmblasen über die urzeitlichen Meere.

Altes Mitbringsel. Wer hier übrigens einen interessanten Stein findet, darf ihn auch behalten, wenn er ihn „mit freier Hand“ entnehmen kann. Mit Hammer und Meißel auf Fossiliensuche zu gehen ist hingegen nicht erlaubt. Wer das missachtet, kann von Grundstücksbesitzern sogar rechtlich belangt werden. Östlich des Wolayertörls ist das Schuttfeld vielversprechend. Besonders dunkelgraue bis schwarze Steine beinhalten oft leicht erkennbare, helle Schneckengehäuse.

Mit einem Stück Erdgeschichte geht es zurück zum Wolayersee, der selbst ein Rest des einstigen Gletschers ist. Seine unterirdischen Quellen und der Abfluss halten sich annähernd die Waage. Auf dem Grund des 14 Meter tiefen Gewässers wurden Pollen gefunden, die laut Untersuchung 10 000 Jahre alt sind. Geologen schließen daraus, dass der Wolayersee ebenfalls schon so alt ist. Wer sich traut, kann nach diesem wanderreichen Tag einen Sprung ins Nass wagen. Allerdings sind die 16 Grad Höchsttemperatur äußerst erfrischend und erinnern im Hochgebirge irgendwie heute noch an die Eiszeit.

Geotrail Wolayersee

Der 2,6 Kilometer lange Rundgang mit 9 Stationen kann in 2,5 Stunden erwandert werden. Er folgt viel begangenen Wanderwegen von der Wolayerseehütte auf den Rauchkofel und den Karnischen Höhenweg. Trittsicherheit und Ausdauer sind erforderlich. Das Gelände ist aber gut begehbar. Lediglich die Querung zwischen Rauchkofelweg und Karnischem Höhenweg verlangt erhöhte Vorsicht. Der Geopark Karnische Alpen bietet auch geführte Wanderungen an.

Geopark Karnische Alpen

→ ***9635 Dellach/Gail 65***
Tel. (04718) 30117
www.geopark-karnische-alpen.at

Übernachten am Berg

Neben guter Küche bietet Familie Ortner auf der Wolayerseehütte Übernachtungsmöglichkeiten an. Vor allem für Wanderer, die das Zentrum der Karnischen Alpen entspannt erleben möchten, ist es ratsam, die Tour auf zwei Tage auszudehnen und vorher zu reservieren.

→ ***Wolayerseehütte***
Xaveriberg 6
9654 St. Lorenzen im Lesachtal
Tel. (04716) 506

→ ***Massagetermine bei***
Markus Hohenwarter:
Tel. (0720) 346141
www.wolayerseehuette-lesachtal.at

Wanderungen zum Wolayersee

Unternimmt man die beiden Wolayerseetouren zwischen Ende Juni und Mitte Juli, erwartet einen auf den Almwiesen ein prachtvolles Blumenmeer.

Über die Valentinalm

Zufahrt über die B 110 Plöckenpassstraße zur Unteren Valentinalm (1220 m). Parkmöglichkeit beim Almhaus. Der Weg führt durch Almgebiet und zeitweise auf einer Almstraße zur Oberen Valentinalm (1540 m). Beeindruckend ist die markante Felsmauer der Kellerwand. Durch schroffes und steiniges Gelände erreicht man nach etwa 3,5 bis 4 Stunden das Valentintörl (2138 m). Es erhebt sich links vor einem mächtigen Bergstock der Hohen Warte. Ab hier führt der Pfad hinunter zum Wolayersee (1951 m).

→ ***Gehzeit hin und zurück: 7–7,5 Stunden.***

Über Birnbaum

Zufahrt über die B 111 Gailtal Bundesstraße nach Birnbaum im Lesachtal. Abzweigen Richtung Nostra und weiter bis zur Hubertuskapelle. Dort kann man parken. Man wandert über die steinige Almstraße bis auf die Obere Wolayeralm, oft entlang steiler Felsen. Mehrere Serpentinen führen über eine hohe Geländestufe. Dann wird der Weg sanft, man passiert die Almhütten der Oberen Wolayeralm (1760 m) und überwindet eine kleine Bergmoräne, ehe es wieder abwärts in den Almboden geht und man am Nordhang des Seekopfes das Birnbaumer Törl erreicht, von wo man den ersten Blick zum Wolayersee hat.

→ ***Gehzeit hin und zurück: 5,5–6 Stunden***

Zollnersee

Der Zollnersee liegt in einer flachen Ost-West-Senke auf 1766 Meter Seehöhe in den Karnischen Alpen in der Gemeinde Dellach im Gailtal. Der Gebirgssee ist rund einen Hektar groß. Seine tiefste Stelle misst 2,80 Meter. Rund um den See befindet sich ein langgezogenes Niedermoor. Besonders bemerkenswert sind die geologischen Besonderheiten, die rund um den Zollnersee beobachtet werden können. Sie werden in einem Geotrail beschrieben. Im Sommer kann die Seetemperatur bis zu 20 Grad erreichen. Im Winter friert der See zu, die bis zu einem Meter dicke Eisdecke hält 6 bis 7 Monate lang.

Steinharte Geschichte. „Apfelstrudel oder Kaiserschmarren?" Manche Entscheidungen fallen wirklich schwer. „Es sind beide die letzten und damit ganz wichtig für mich", sagt Hannelore Pedarnig. Sie hat mich in die kleine Küche „ihrer" Zollnerseehütte eingeladen. „Ich bin gespannt, wer den letzten Kaiserschmarren der Saison bekommt, es wird auch mein Finale hier sein." 2015 ist die Hüttenwirtin in Pension gegangen. „Wenn ich in den Bergen bin, bekomme ich kein Heimweh. Aber die Hütte am Zollner werde ich wohl am meisten vermissen", sagt Pedarnig und schaut wehmütig über das Hochplateau.

Der Hohe und der Kleine Trieb mit ihren weiß leuchtenden Grenzsteinen ragen über die Landschaft und trennen Kärnten von Italien. Dabei geben sie auch einen Blick in die jahrmillionenalte Geschichte der Karnischen Alpen frei. Geologen erkennen das alte Grundgebirge und das junge Deckgebirge, die durch die Alpenfaltung eng miteinander verbunden sind. Ein Bilderbuch der letzten 500 Millionen Jahre. Einst hatte sich an dieser Stelle ein 3000 Kilometer breites Meer befunden. Der Ozean ist längst verschwunden, doch wer genau schaut, findet noch eingeschlossene Reste der damals lebenden Meerestiere. Abtragungen, Flüsse und Unwetter haben Unmengen von Geröll bewegt und den alten Untergrund, quasi den Keller der Karnischen Alpen, freigelegt. Da lohnt sich auch ein Blick auf die Basis der Hütte: Sie steht auf Lydit, einem extrem harten Quarz, der heute noch auf dem Grund der großen Meere in Tiefen ab 3000 Meter gebildet wird. Mit einer Lupe sind kleine kugelige Reste zu erkennen, die als Radiolarien oder Strahlentiere zum Plankton im Meer vor Millionen Jahren gehörten.

Hüttenwirtin Hannelore Pedarnig beim Zubereiten ihres berühmten Kaiserschmarrens.

Bunte Steinlandschaft. 50 Meter weiter südlich ist eine breite Mulde zu entdecken: die einstige Gletschereiswanne. Heute ist diese von einem Niedermoor mit einem kleinen Bach erfüllt. Dieses entstand vor zirka 3000 Jahren, als ein kleiner See verlandete. Untersuchte Baumpollen und Sporen auf dem Grund des durchschnittlich

2 Meter tiefen Moors haben das gezeigt. Ein Geotrail führt die Wanderer zu verschiedenen Stationen über das Hochplateau. Ein Blick auf die Steine lohnt sich: Hellgraue, weiße, grünliche und braune Brocken sind zu finden. Sie bestehen zum größten Teil aus Quarz – blättern sie auf, bezeichnet man sie als kieselige Schiefer. Deutlich sind helle kompakte, kieselsäurereiche Schichten senkrecht im Gestein zu sehen. Sie zeugen von veränderten Lebensbedingungen im Devon und der älteren Karbonzeit, vor 360 Millionen Jahren. Das Wasser glich damals einer Brühe aus Faulschlamm, angereichert mit Schwermetallionen. Woher diese Suppe kam, stellt Geologen noch vor Rätsel. Untermeerische erzangereicherte vulkanische Lösungen sind ebenso eine Möglichkeit wie fossile „Hartgründe", in denen es auf dem Meeresboden zum Absatz von Mineralen kam. Im harten Kontrast dazu liegt der schwarze Schiefer, der erdig verwitternde Kieselschiefer bekommt seine Farbe von fein verteilter kohliger Substanz. Unweit davon befindet sich in einer weiteren Senke der Zollnersee. Laut Gletscherforschern entstand dieser See durch die schürfende Wirkung des Gletschers, der dann als Toteis liegen blieb. Erst war es mit Geröll überdeckt und nach dem Abschmelzen hatte sich eine Senke geformt.
Zwischen Almrauschgebüschen und Bürstlingrasen liegt das Wasser umrahmt von Wasserpflanzen. Wer sich dem See nähern will, braucht wasserdichtes Schuhwerk. Auffallend ist beim Näherkommen vor allem der leichte Geruch des Sees, der an faule Eier erinnert. Schuld daran, ist der Schwefelwasserstoff, der bei der Zersetzung abgestorbener tierischer und pflanzlicher Organismen entstanden ist. Im Winter friert der See zu und das Eis hat eine gelbliche Färbung, das kommt jedoch nicht vom Schwefel, sondern vom starken Eisengehalt des umliegenden Gesteins, der sich auf das Wasser überträgt.

Blutsaugende Ringelwürmer. Neben Moos und Algen leben im Zollnersee vor allem Blutegel, die man mit etwas Glück – sofern man das Getier nicht allzu „eklig" findet – in Ufernähe sehen kann. Die Ringelwürmer gelten unter Fans als elegante, bunte Schwimmer. Der *Hirudo medicinalis,* wie der Blutegel mit seiner lateinischen Bezeichnung genannt wird, wird bis zu 30 Jahre alt.

Der Zollnersee im Frühling mit satten, blühenden Wiesen.

Seit 3500 Jahren schwört man auf seinen heilsamen Biss. Die Egel, das Wort leitet sich vom altgriechischen *echis* (kleine Schlange) ab, werden in ihren Verbreitungsgebieten Europa, Nordafrika und Kleinasien hoch geschätzt. Die Babylonier setzten die Ringelwürmer ein, ebenso die Griechen. Dhanvantari, der hinduistische Götterarzt und Urvater der Heilkunst, hält in Darstellungen einen Blutegel in einer seiner vier Hände. In den anderen hat er ein Muschelhorn, den Götternektar Ambrosia und einen Wurfstern. Den Blutegel müsste er eigentlich gar nicht festhalten. Der Wurm beißt sich beim Menschen mit seinen drei strahlenförmig angeordneten Kiefern, mit zirka 80 Kalkzähnchen, fest und saugt Blut. Einmal vollgefressen, lebt der Blutegel übrigens bis zu zwei Jahre mit dieser Mahlzeit.

Ein Biss des Blutegels tut – glaubt man den Erfahrungsberichten – nicht wirklich weh. Forscher haben den Verdacht, dass der Wurm ein lokales Anästhetikum ausstößt, was noch nicht bewiesen werden konnte. Der Speichel, der beim Saugvorgang in die Wunde abgegeben wird, enthält Hirudin und das gilt als Blutgerinnungshemmer. Eine Blutegeltherapie wird noch heute bei der Wundheilung und bei der Behandlung von Rheuma, Krampfadern, Tinnitus und Entzündungen angewandt. Allerdings: Ich habe es nicht ausprobiert.

Süßwasseregel haben auch in Kärnten Tradition: Im 19. Jahrhundert, als ihr medizinischer Einsatz seine Hochblüte hatte, wurden sie hier vielerorts herangezogen. Ein Klagenfurter Arzt namens Dr. Hock soll 1840 eine Blutegelzucht im Klagenfurter Stadtgraben betrieben haben. 1851 wurde diese Blutegelkultur bei Ausbesserungsarbeiten im Lendkanal zerstört. Die Ringelwürmer überlebten nicht. Eine Aufstellung der Vorkommen gab es zuletzt 1988 von Paul Mildner in einer wissenschaftlichen Publikation. Er wurde im Lanzendorfer Moor bei Poggersdorf, im Sumpf in Tichoja, im Seerosenteich in Waidmannsdorf bei Klagenfurt und im Ebenteich Greifenburg fündig. Im Emmersdorfer Moor und im Webersee im Gailtal, im Griffener See, im Umkreis des Vassacher Sees bei Villach und im Wodipkateich im Trixener Tal wurden ebenfalls Vorkommen gemeldet.

Zollneralm

Die Zufahrt erfolgt ab Weidenburg, wo man südlich des Feuerwehrhauses in Richtung Grazhof und Dellacher Alm abbiegt. Vor dem Weidegatter befindet sich der Parkplatz Zollnerseehütte. Die Schotterstraße sollte mit Umsicht befahren werden. Sie bietet atemberaubende Aussicht und Bergerlebnisse. Vom Parkplatz sind es 5 Minuten bis zur Zollnerseehütte. Während der Almzeiten (Juni bis September) ist die Schotterstraße für Pkw geöffnet.

Eine schöne Wanderung zur Zollnerseehütte ist auch auf dem Karnischen Höhenweg 403 möglich. In Stranig geht es auf die Straniger Alm. Parken kann man bei der Waidegger Alm. Von dort geht es am Nordhang des Findenigkofels mit kleinen Aufs und Abs relativ eben 5 Kilometer lang bis zum Zollnersee und zur Hütte. Man sollte dafür zirka 2 Stunden einrechnen.

Zollnerseehütte

Die Alpenvereinshütte bietet Übernachtungsmöglichkeiten. Von Juni bis Oktober (so lange es die Schneeverhältnisse zulassen) ist sie bewirtschaftet. Der Winterraum ist beheizt und mit dem Alpenvereinsschlüssel zugänglich.

→ ***Tel. (0676) 9602209***
www.oeav-obergailtal.at

Rosserhütte

Kurz vor dem Parkplatz Zollnerseehütte kommt man an der Rosserhütte vorbei. Vor allem der Glockenstuhl mit der ehemaligen Kirchenglocke aus Dellach im Gailtal fällt auf. In der hauseigenen Käserei kann man den Sennern bei der Produktion über die Schulter schauen. Hier entsteht Gailtaler Almkäse. Die Alm wird bereits seit dem 15. Jahrhundert bewirtschaftet.

→ ***Tel. (04718) 583***

Geopark Karnische Alpen

Das Besucherzentrum des Geoparks Karnische Alpen befindet sich direkt in Dellach. Fossilien und Gesteine sowie interaktive Animationen bringen Erdgeschichte näher. Hier können auch geführte Wanderungen gebucht werden.

→ ***Öffnungszeiten:***
14. Mai bis 4. Juli und 17. September bis 10. Oktober: Donnerstag bis Samstag 10.30 bis 15.30 Uhr
6. Juli bis 12. September: Montag bis Samstag 9 bis 16 Uhr

→ ***Besucherzentrum***
9635 Dellach/Gail 65 (Ortszentrum)
Tel. (04718) 30117
www.geopark-karnische-alpen.at

In der Umgebung

Herkules auf der Gurina

Die Gurina ist eine eisen- und römerzeitliche Siedlung oberhalb von Dellach im Gailtal. Im Archäologiepark sind Hügelgräber aus der Hallstattzeit und die kitschige Rekonstruktion eines Herkulestempels zu sehen. Auf der Gurina finden auch immer wieder Veranstaltungen statt und es werden Führungen angeboten. Der Park ist frei zugänglich, empfehlenswert ist das jedoch nur in schneefreien Monaten. Im Ortszentrum von Dellach biegt man östlich des Dellacher Baches von der Gailtal-Bundesstraße in Richtung Norden ab. Gut beschildert führt der Weg am Heldenfriedhof vorbei bis zu einer Kreuzung mit mehreren Hofzufahrten, wo sich der Parkplatz befindet. Bis zur Gurina sind es dann noch 15 Minuten Gehzeit. Gutes Schuhwerk ist unbedingt erforderlich, vor allem der erste Teil des Weges kann für Ungeübte anstrengend sein.

→ ***Archäologischer Park Gurina***
9635 Dellach/Gail
www.gurina.dellach.at

Gailtalbauer

Kärntens modernster Schau- und Erlebnisbauernhof liegt ganz in der Nähe. Vor allem mit Kindern ist ein Besuch beim Gailtalbauern empfehlenswert. Bei Führungen durch den modernen Kuhstall mit Melkroboter und Wellnessparcours für die Tiere, in die Schaukäserei und durch den Gemüseschaugarten, der auch alte Sorten zu bieten hat, erfährt man vom Leben am Hof. Im Laden werden unter anderem Gailtaler Speck und Almkäse verkauft.

→ ***Gailtalbauer***
9632 Kirchbach 195
Tel. (4284) 25150
www.gailtalbauer.at

Stappitzer See

Als sich in der letzten Eiszeit der Gletscher zurückzog, ließ der Druck auf die Berge nach. Der Auernig (2130 m) stürzte dabei ein und bildete eine Steilstufe und natürliche Sperre im Mallnitzer Tal bei Rabisch. Dahinter breitete sich ein See aus, der weit in das Seebachtal reichte. Geschiebe, Blockwerk und Murenmaterial füllten das Tal auf, weshalb die Ebene im heutigen Ortsgebiet von Mallnitz entstand. Der 3,6 Hektar große Stappitzer See ist der Rest dieses einst 10 Quadratkilometer großen Sees. Er hat eine maximale Tiefe von 6 Metern.

Märchenhaftes Hochgebirgstal. Kitsch hat was. Allein die Wortbedeutung lässt sich nicht so leicht definieren, und schon gar nicht übersetzen. Kitsch heißt es daher auch im Englischen, Französischen, Türkischen, ja sogar die Griechen, die in ihrer Sprache eigentlich kaum Fremdwörter vorkommen lassen, sagen beziehungsweise schreiben **κιτς**.

Im absolut positiven Sinn erwartet mich im Seebachtal am Rande des Nationalparks Hohe Tauern der unfassbar – ja, genau – kitschige Stappitzer See. Ein ebener Talboden, Wasserfälle, klares Wasser, in dem sich ursprüngliche Bachforellen tummeln: Postkartenmotive wohin man schaut. Aber auch bizarre Stelzenwurzler-Bäume und Schleier-Wasserfälle sind zu sehen. Kein Wunder, dass hier eine der berühmtesten Figuren der Kärntner Sagenwelt ihren Ursprung hat. Denn in dieser Gegend soll der berühmte Klagenfurter Lindwurm aus einem Hasenei geschlüpft sein. Als Nahrung dienten ihm Schafe und Kühe, die am Ufer des Sees weideten. Die Bauern brachten deshalb ihre Tiere in Sicherheit. Der Lindwurm hungerte und biss vor lauter Verzweiflung in jene Geröllhalde, die den See staut. Der Wasserschwall schwemmte den Drachen über die Rabischschlucht die Möll und die Drau hinab bis nach Klagenfurt. Das hat ihm wohl noch mehr die Laune verdorben und er verbreitete Angst und Schrecken in Unterkärnten.

„Diese Schönheit und Ruhe hier möchte ich bewahren", sagt Peter Sterz zu mir, als er am Ufer des Stappitzer Sees sein Ruderboot anlegt. Der Hobbyfischzüchter hegt die lange Tradition, den Stappitzer See mit Fischen zu besetzen. Bereits im Mittelalter wurde das gepflogen. Denn eigentlich bieten Gebirgswässer nur wenige natürliche Möglichkeiten für Fische. Für den Schutz des Seebachtales hat sich in den 1970er-Jahren auch eine Bürgerinitiative eingesetzt, die gegen ein Kraftwerksprojekt protestierte. Man hatte geplant, eine Talsperre zu errichten und das gesamte Gebiet zu fluten. Das Projekt wurde schlussendlich verworfen, 1986 der Stappitzer See und seine Umgebung zum Naturdenkmal und 2008 sogar zum „Natura 2000"-Schutzgebiet erklärt.

Das macht es für Sterz leichter, das Erbe seiner

Peter Sterz auf Kontrollbootsfahrt zu seinen Fischen im Stappitzer See

Familie zu bewahren. Die Urgroßeltern des pensionierten Gast- und Landwirtes haben 1871 den See und die Fischereirechte in Mallnitz von Schloss Groppenstein bei Obervellach erworben. Schon damals hat man hier fleißig Fische gezüchtet. „Ich wundere mich bis heute, was man mit all den Fischen getan hat. Die Familie betrieb zwar eine kleine Gastwirtschaft, aber so viel Fisch konnte ja keiner essen", erzählt Sterz. An Tourismus war früher – vor allem ohne den Tauerntunnel, der erst 1909 fertiggestellt wurde – nicht zu denken.

Zottelige Begegnung mit Hochlandrindern im Seebachtal

Ursprüngliche Fische. In den familiären Fischereigewässern Stappitzer See, Tauernbach, Seebach und Mallnitzbach züchtet er heute heimische Bachforellen und einige Seesaiblinge, die anderswo durch das Einsetzen von importierten Regenbogenforellen und Bachsaiblingen nahezu verdrängt wurden. „Unsere Gewässer sind durch Steilstufen und Berge abgeschlossen und kaum mit anderen Fischen besetzt worden. Das ist ein Glücksfall", sagt Sterz, der auch für den Nationalpark Hohe Tauern einer der ausgewählten Züchter ist, die am Projekt „Urforelle" arbeiten. „Das ist aber viel komplizierter. Da muss man auf den richtigen Genpool achten und die Nachzucht immer wieder prüfen lassen."

Die Jungfische im Stappitzer See züchtet er mit eigenen Muttertieren, die er im November fängt, abstreift und wieder freilässt. „Der Besatz ist aber nicht sehr dicht, der Lebensraum für die einzelnen Fische ist damit groß und sie entwickeln sich prächtig", freut sich der Mallnitzer. Für den Eigenbedarf kommt hin und wieder ein Tier auf den Teller. „Die Fischzucht ist für mich Hobby und ein Ausdruck meiner Liebe zur Natur." Ausgewählte Fliegenfischer dürfen in seinem Reich trotzdem die Angel auswerfen. Mitgenommen wird maximal ein Fisch. Die anderen werden wieder schonend zurückgesetzt. „Ich weiß, ich bin da ein bisserl komisch. Andere würden den See wirtschaftlich nutzen", sagt Sterz. „Mein Ziel ist es jedoch, dass sich die schöne alte, heimische Bachforelle wieder bei uns durchsetzt." Allein sei das aber nicht zu schaffen. „Das ist ein Projekt für Generationen. Ich hoffe, dass auch meine Nachfahren das so sehen."

Fliegenfischen in Mallnitz

In der Fischsaison von Ende Mai bis September darf im Seebachtal mit Erlaubnis geangelt werden.

→ ***Haus am Weiher***
Peter Sterz
Stappitz 23
9822 Mallnitz
Tel. (0676) 9772822

Wandern im Seebachtal

Echte Wanderer würden Touren im Seebachtal (1250 m) eher als Spaziergänge werten. Das flache Gelände ist weniger anstrengend, aber umso spektakulärer. Der Weg führt an Wasserfällen, grotesken Bäumen mit Stelzwurzeln und an einem türkisen Eisloch vorbei.

Parkgelegenheit gibt es bei der Talstation der Ankogelbahn. Bei der Nationalpark-Infohütte beginnt die Wanderung durch das ebene Hochgebirgstal auf einer breiten Schotterstraße. Schon nach wenigen Minuten erreicht man den Stappitzer See. Gegenüber auf der südlichen Talseite führt der Weg zum Schleierfall. Über den Seebach geht es auf die gegenüberliegende Seite. Voraus erhebt sich majestätisch die Hochalmspitze, die „Königin der Tauern". Von dort sind es nur noch 10 Gehminuten durch die wildromantische Landschaft, bis man die Schwußner Hütte (1330 m) erreicht. Den Rückweg kann man über den Naturlehrweg Seebachtal nehmen. An 18 Stationen befinden sich Infotafeln, die Besonderheiten der Flora und Fauna erklären. Die Gehzeit beträgt insgesamt zirka 3 Stunden.

In der Sommersaison von Mitte Juni bis September fährt auch der Nationalpark-Wanderbus. Mobilitätspässe dafür können in den Infocentern des Nationalparks, in Partnerbetrieben, online unter *www.hohetauern.at* und direkt im Bus erworben werden.

→ ***Rufbus-Kontakt für Mallnitz und Unteres Mölltal: Tel. (0664) 1278579***

→ ***Schwußner Hütte***
Bewirtschaftung von Juni bis Oktober
Tel. (0664) 2219535

Experimente im Nationalpark

Das Besucherzentrum BIOS sollte man nicht versäumen. Hier werden Erwachsene wie Kinder zu Forschern und Entdeckern. Die Ausstellung ist interaktiv aufgebaut. Besucher dürfen in den einzelnen Elemente-Laboren mit Erde, Wasser, Luft und Licht experimentieren.

→ ***BIOS Nationalparkzentrum***
Öffnungszeiten: Täglich von Ende April bis Anfang Oktober 10 bis 18 Uhr
Führungen gibt es es um 10.30, 13 und 16.30 Uhr.
Spezielle Kinderführungen täglich um 15 Uhr (für Kinder bis 6 Jahre inklusive Ameisenfütterung)
9822 Mallnitz 36
Tel. (04784) 701
www.bios-hohetauern.at

Pressegger See und die Bodenseen

Schroffe Berge rahmen den Pressegger See in der Nähe von Hermagor ein. Mit einer Fläche von 55 Hektar ist er der neuntgrößte Kärntner See. Der prachtvolle Schilfbestand zählt zu den größten in Österreich. Der See ist relativ seicht und im Durchschnitt 3 Meter tief. Im Sommer kommt der Pressegger See auf Badetemperaturen um die 24 Grad. Unweit davon befinden sich auf dem Nassfeld der Kleine und der Große Bodensee. Mit ihrem tiefblauen Wasser und zum Teil versunkenen Baumstämmen, bilden sie eine perfekte Kulisse für Nassfeldlegenden.

Schmugglerbande im Gailtal. An den Kärntner Seen rechnet man mit allerlei Begegnungen: Freunde, Promis, Enten – oder meinetwegen auch Nackte. Doch die Helden meiner Kindheit?! Da stehen sie, lebensgroß am Ufer des Pressegger Sees: Fix & Foxi. Die Comicfiguren von Rolf Kauka erlebten von 1953 bis 2010 in regelmäßig erscheinenden Magazinen ihre Abenteuer. Vor allem der stets gefräßige, tollpatschige Charakter Lupo hatte es mir damals angetan. Ich bin begeistert und schwelge in Kindheitserinnerungen, die meiner 10-jährigen Tochter Lucia nur ein Achselzucken entlocken. Sie lässt sich eher von einem der gut durchdachten Themenspielplätze beeindrucken, die in der Region Hermagor unter dem Motto „Nassfeld-Legenden" neu errichtet wurden.

Parkplatz für Enten und Schwäne in Tretbootform

Fix & Foxi sind wegen Alexandra Kauka, die in Hermagor aufgewachsen ist, ins Gailtal gekommen. Die Witwe von Comicschöpfer Rolf Kauka verbindet das Gailtal mit unzähligen Erinnerungen, die sie gerne bei ihren Urlauben in Kärnten wiederaufleben lässt. „Heimat sind Traditionen, Gerüche wie Schwammerl, oder Töne. Zuerst sind die kindlichen Erfahrungen eingeprägt in der Erinnerung, später liebt man diese Erfahrungen und sehnt sich danach. Meine Großmutter Elise Lackner hat immer gesagt: Weißt Madl, a Kärntnerin kummt immer wieder ham", sagt Alexandra Kauka, die heute als Aufsichtsrätin der Metropolitan Opera, der Washington National Opera und der Arizona Opera sowie als Repräsentantin der Salzburger Festspiele tätig ist.

Die greifbare Verbindung von Fantasie und Natur begeistert auch Autor Jürgen Seitz, der die neuen Hermagorer Fix-&-Foxi-Comicgeschichten geschaffen hat, die man nun auf den Erlebnisspielplätzen nachstellen kann. Dazu gehören der Seespielplatz „Im Reich der Seehexe" im Strandbad Hermagor am Pressegger See, der Bergspielplatz „Almrausch" an der Bergstation Gartnerkofel-Sesselbahn sowie die Erlebnismeile „Pramollo Wilde Bande" auf der Sonnenalpe Nassfeld. „Ich kenne keinen Ort der Welt, an dem bisher ein derartiges Konzept verwirklicht worden ist", schwärmt Seitz. „Als ich das erste Mal als Fix-&-Foxi-Autor ins Gailtal kam und vor dem Schilfurwald des Pressegger Sees stand, wurde mir klar: Wir brauchen hier etwas ganz Neues. Charaktere, die in dieser wunderbaren Landschaft verwurzelt sind. So sind die Prinzessin Wulfenia und natürlich die Zentralfigur Monti, ein 12-jähriger Lausbub und Kämpfer für die Gerechtigkeit, und auch die Bösewichte wie die Schmugglerbande oder die Seehexe entstanden. Die Sympathieträger Fix & Foxi repräsentieren die Urlaubsgäste in Hermagor und Umgebung."

Strenge Zollwache. Seitz hat auch zum Teil wahre Legenden eingebaut. Die Schmuggler hat es hier tatsächlich gegeben, wie mir Leopold Salcher berichtet. Dieser war in seiner Heimat jahrelang als Gendarm im Einsatz und arbeitet nun in der Pension als Berichterstatter für lokale Medien. „Geschmuggelt wurde hier schon lange vor meiner Zeit", lacht der Gailtaler. Gleich hinter den Bergpässen der Karnischen Alpen ist bereits Italien. So lag es nahe, Waren möglichst zollfrei entlang von Schmugglerpfaden über die grüne Grenze zu schaffen. Im 17. Jahrhundert waren dafür vor allem die Säumer bekannt. Die Säumer oder Samer transportierten auf dem Rücken von Saumtieren, also Pferden, Eseln, Maultieren oder auch Ochsen, Waren wie Salz und Wein über die Pässe der Alpen. Im Gailtal waren sie besonders aktiv. Wein wurde damals nicht nur über die Karnischen Alpen, sondern auch von dort weiter über den Predil ins heutige Slowenien gebracht. In der Görzer Grafschaft, durch die die Saumroute führte, wurde dafür eine Weinmaut eingehoben. Darüber beschwerten sich Jahr 1619 vier Gailtaler Säumer ganz offiziell, das Dokument ist heute noch erhalten.
Während der Ständischen Epoche im 19. Jahrhundert kam es zu Exportverboten für Schlachtvieh aus Innerösterreich, Getreide, Schmalz, Flachs, Leinwand und Lederwaren durch den Landesfürsten. Das Resultat war wieder vermehrter Schmuggel.
In den 1920er-Jahren erlebte der Schmuggel abermals eine Hochblüte. Die Löhne im Gailtal waren gering, während die Preise für Lebensmittel und Bedarfsgüter stark stiegen.
„Die Schmuggler nutzten später noch die alten Routen im ganzen Gailtal, auch über das Nassfeld. Manche Almhütten waren bekannte Stationen", erzählt Salcher. Der Schmuggel gehört zum Alltag. „Wurde eine Hochzeit ausgerichtet, hat man den Wein dafür in Italien geholt. Im Gegenzug wurde Fleisch aus Kärnten gebracht."

Doch auch die Zollwache rüstete auf. „Wir hatten hier in Hermagor eine besonders scharfe Zolltruppe“, erinnert sich das Gailtaler Urgestein. „Eine Bäuerin aus Tröpolach war eine bekannte Schlafwandlerin. Eines Nachts ging sie in diesem Zustand auf das Nassfeld hinauf. Und die Zöllner sahen sie da marschieren. Sie riefen: Halt! Aber die Frau wandelte einfach weiter, sie hat sie nicht gehört. Einer der Beamten erkannte sie aber zum Glück, wer weiß, was da sonst passiert wäre.“

Erlebniswelten. Die alten Schmugglerpfade kann man heute gefahrlos erkunden, entlang der Strecke wurde die Erlebnismeile Nassfeld gebaut. Sie verläuft von der Talstation Madritschen-Sessellift in Richtung Italien. Die Besucher sind gefordert, verschiedene Aufgaben zu lösen, Kinder können Szenen aus den Comic-Heften mit Fix & Foxi nachspielen, die in den Tourismusinformationen und im Internet gratis erhältlich sind.
Wer vom Nassfeld wieder in Richtung Gailtal fährt, sollte unbedingt einen Stopp auf halber Strecke der Nassfeldstraße einlegen. Im sogenannten Pfaffenschwand östlich der Straße liegt ein kleines Plateau. Von der Straße aus sieht man nur einen kleinen Teich und einen Parkplatz. Der Große Bodensee, der Besucher zuerst begrüßt, leuchtet mit seinem tiefblauen Wasser im Fichtenwald. Viele zum Teil versunkene Bäume zaubern eine eigentümliche Stimmung. Ein Stückchen weiter den Forstweg entlang kommt man zum Kleinen Bodensee. Dieser ist bereits weit mehr verlandet. Die beiden Bergseen entstanden vor 300 Millionen Jahren im Karbon. Sie wurden durch eiszeitliche Blockmoränen gestaut, der Blockwall verhinderte das Abfließen des Wassers. Heute ist das rund 15 Hektar große Gebiet ein Naturdenkmal und steht seit 1962 unter Naturschutz. Um sich abzukühlen, sollte man sich auf den Weg zurück zum Pressegger See machen. Er wird gerne „die Badewanne des Gailtals“ genannt. Der durchschnittlich 3 Meter tiefe See mit, bis auf einige tiefe Quelltrichter, flachem Untergrund erwärmt sich im Sommer rasch und lockt schon früh vor allem Familien an den Strand.

In der Zwischenkriegszeit erlebte der Pressegger See den ersten touristischen „Boom“.

Wie in einem Märchenwald: der Bodensee am Nassfeld.

Feuchtes Naturparadies. Natur und Erholung findet man am Rundweg um den See. Die schroffen Felswände der Karnischen Alpen im Süden und der Gailtaler Alpen im Norden vermitteln dieses ganz besondere Berg-See-Gefühl, wie es gerne in Werbeprospekten beschrieben wird. Wer im Osten des Sees den Weg in den Schilfgürtel nimmt, befindet sich in einem der größten zusammenhängenden Feuchtgebiete Kärntens, im Europaschutzgebiet Görtschacher Moos–Obermoos. Der Schilfgürtel des Pressegger Sees ist hier eng verzahnt mit weiteren Lebensräumen in den Sumpfwiesen und Auwäldern, die von der Gail gewässert werden. Bevor man im 19. Jahrhundert die Gail umfassend regulierte, war diese Landschaft typisch für die flussnahen Gebiete im Gailtal.

In den Bruchwaldbeständen findet sich außerdem ein ganz besonderer Baum: die Erle. Vor allem im Winter ist dieser Baum, der gerne nahe am Wasser wurzelt, leicht zu erkennen. Die ein bis zwei Zentimeter großen schwarzen Zapfen erinnern an Miniaturausgaben von Kiefernzapfen. Der Baum steht unter Naturschutz und ist seit jeher sagenumwoben. Er war den Menschen in früheren Zeiten unheimlich. Der schwarze Baum in der sumpfigen Landschaft „blutete", wenn man ihn fällte. Sein Holz läuft an der Schnittstelle tatsächlich blutrot an. Außerdem sollen den Sagen nach Irrlichter und Erlenfrauen darin wohnen.

Dennoch war das Holz, das heute als wertlos gilt, früher sehr beliebt. Die Erle galt als „Holzschuhbaum", aber auch haltbares Küchengeschirr wurde aus dem Holz geschnitzt. Die Rinde verwendete man zum Gerben von Leder und gemeinsam mit einem rostigen Eisenstück färbte die Erlenrinde, in Wasser eingelegt, das Leder schwarz. Aus den kleinen Zapfen wurde schwarze Tinte hergestellt. Doch die Erle ist auch ein gutes Bauholz, wie Venedig zeigt. Das Holz fault im Wasser nicht, weshalb die Lagunenstadt zu einem Gutteil auf Erlenpfosten aus dem Kärntner Lesachtal steht. In der Volksmedizin wird die Erle bei Zahnfleischproblemen und Halsentzündungen angewendet. Ein Tee aus Erlenblättern soll außerdem eine hervorragende Haarspülung und ein bei fettiger Haut gut reinigendes Gesichtswasser ergeben.

Abenteurer am Nassfeld

Das Wintersportgebiet Nassfeld hat auch im Sommer einiges zu bieten. Veranstaltungen, Wanderungen oder die Kids-Erlebniswelt mit den Nassfeld-Legenden und der Fix-und-Foxi-Familie sind auf der Homepage zu finden.

→ ***www.nassfeld.at***

Führungen durch das Görtschacher Moos

→ ***Gerhild Wulz-Primus***
Tel. (0463) 329666-11
g.wulz@arge-naturschutz.at

Bärige Einkehr

Manuel Ressi gilt als einer der besten Köche Österreichs. Der gebürtige Hermagorer ist in seine Heimat zurückgekehrt und hat sich gemeinsam mit seiner Frau Claudia einen Traum erfüllt. Am Hauptplatz der kleinen Stadt haben sie das altehrwürdige Gasthaus „Bärenwirt" übernommen und würzten es mit Raffinesse und einem neuen Sinn für Einfachheit. Dazu gehören nicht nur hochgelobte Spezialitäten regionaler Produzenten und eine Küche, die „wie damals" alles verwertet. Sein ganzer Stolz sind außerdem die selbst getöpferten (!) Teller mit Bärenkratzern (dem Markenzeichen des Hauses) und der Kräuterkeller, in dem der Koch ganzjährig frische Pflanzen zieht.

→ ***Bärenwirt***
Hauptstraße 17
9620 Hermagor
Tel. (0664) 75113935
www.manuelressi.com
www.baerenwirt.info
Öffnungszeiten:
Dienstag 17 bis 24 Uhr
Mittwoch bis Samstag 10 bis 24 Uhr
Sonntag 10 bis 16 Uhr
Montag Ruhetag

Rundwanderung Nassfeld–Kronalpe

Diese lange, aber dafür schöne Wanderung führt abseits der Skipisten des Nassfelds, die auch große Wunden in der Natur darstellen. Mit dem Auto geht es bis zum ehemaligen Grenzpunkt am Nassfeldpass (1530 m). Hier kann man parken. Über die Straße geht es entlang des Stausees und hinter der Forcellahütte links über den Almweg unterhalb des Auernigs auf die Auernig-Alm (Casera Auernig, 1609 m). Etwa 4 Kilometer sind es bis zur Ofneralm direkt unter der Kronalpe (1614 m). Ein Steig (Nr. 501) führt dann mäßig steil auf die Kronalpe (1832 m) mit ihren Almwiesen. Von der Ofneralm kann man eine Abkürzung direkt zum Garnitzensattel (1675 m) unter Um-

gehung der Kronalpe nehmen, aber man versäumt viele landschaftlich schönen Aspekte. Von der Kronalpe führt ein steiler Weg zum Garnitzensattel und dann eine Schotterstraße vorbei am ehemaligen Zollhäusl, zur Garnitzenalm-Hütte. Es bietet sich eine weitere Abkürzung über den Karnischen Höhenweg an. Bei der Hütte links hinauf stößt man auf den Kärntner Höhenwanderweg. Wieder etwas aufwärts erreicht man ein Speicherbecken für die Schneekanonen. Das wird halb umrundet und die Wanderung links hoch auf den Gartnersattel (1863 m) fortgesetzt. Ab hier geht es entlang einer Bergschotterstraße zum Nassfeldpass oder über den Wiesenpfad über die Watschiger Alm mit Jausenstation und Käserei. Gehzeit: 4,5 bis 5 Stunden.

Freilichtmuseum

Auf der italienischen Seite des Nassfelds haben ehrenamtliche Helfer historischer Vereine Stellungen aus dem Ersten Weltkrieg restauriert und frei zugänglich gemacht. Erreichbar ist der *Parco tematico della Grande Guerra* über den Nassfeldpass von Kärnten aus oder über Pontebba in Italien. Der Startpunkt des ausgebauten Wanderweges zu den Stellungen und Ruinen befindet sich – von Kärnten kommend – zirka 3 Kilometer vor Pontebba auf der Nassfeld-Passstraße. Die österreichischen Soldaten hatten hier einst ganze Häuser an den Fels gebaut und ihnen Namen wie „Villa Fürchterlich" gegeben. Eine Artilleriehöhle, unterirdische Zugänge und Gräben zeugen vom harten Leben der Soldaten. Historiker Davide Tonazzi unterstützte den Verein unter anderem mit Fundstücken, etwa den Tagebuchauszügen des Kärntner Schützen Hans Lukas, die entlang der Stellungen im „Bombaschgraben" auf Tafeln zu lesen sind.

Weißensee

Auf 929 Meter ist der Weißensee der höchst gelegene Badesee Kärntens. Seinen Namen verdankt er dem weißlichen Kalkschlamm (Seekreide), der die seichten Uferbänke überzieht und dem Wasser eine türkise Farbe verleiht, die an die Karibik erinnert. Mit 6,5 Quadratkilometern ist er der viertgrößte See im Land, er ist 11,6 Kilometer lang, nur 900 Meter breit, hat eine maximale Tiefe von 99 Metern und wird im Sommer bis zu 26 Grad warm. Im Winter gilt er als der eissicherste See Kärntens und lockt Wintersportler, aber auch Filmteams aus der ganzen Welt. Die Naturparkregion Weißensee ist EU-Preisträger für „Tourismus und Umwelt“ und ein „heilklimatischer Kurort“.

Glasklare Unterwasserwelten. „Griaß di!" In der Tauchschule Dive-World bei Stockenboi am Weißensee geht es jovial zu. Normalerweise endet die „Sie-Zone" im alpinen Gelände bei 1000 Meter Seehöhe. Aber unter Tauchern wird das freundliche pauschale Du schon früher eingeführt. Ob das Tauchen wirklich etwas für mich ist, weiß ich noch nicht. Aber die Tauchschulbetreiber Jutta und Mario Hofer sind von zwei Dingen überzeugt: Der Weißensee ist mit seinem klaren Wasser und seinen Sichtweiten von 10 Metern und mehr einer der schönsten Seen, deren Unterwasserwelt es zu erkunden gilt. Und: Wer in heimischen Gewässern tauchen lernt, kann überall tauchen.

2002 wurde das Hobby der beiden zu ihrem Beruf. „Wir haben viele Schulen auf der ganzen Welt kennengelernt", erzählt Jutta. Nicht immer mit guten Erfahrungen, weshalb es neben all der Lockerheit, die hier herrscht, strenge Regeln gibt. Ohne Checktauchgang mit Begleitung geht allein nichts, wie auch ein junges Urlauberpaar neben mir erfahren muss. Aber die schönsten Stellen unter Wasser wie das Hausriff, der Unterwasserwald, das Bootswrack „Tina" oder die Steilwand entdeckt man sowieso am besten mit den Tipps der Tauchguides.

Unterwasser-begegnungen im klaren Weißensee

Kleiner Bubblemaker. Neulinge wie ich dürfen an der Übungsplattform ihren ersten „Schnuppertauchgang" absolvieren. Bei knapp 2 Metern Tiefe ist das sicher und man bekommt einen ersten Eindruck. „Da kannst du auch Fische und umgefallene Bäume entdecken. Ich habe sogar einen Krebs gesehen", macht mir ein Knirps von vielleicht 9 Jahren Mut, der gerade ganz professionell seine Tauchausrüstung anlegt. „Der gehört zu unseren Bubblemakers, ein Kurs speziell für Kinder", sagt Jutta schmunzelnd. Irgendwie scheint hier jeder zu tauchen, außer vielleicht der freundliche Tauchschulhund, der gerade seine Schnauze auf meinen Schoß legt.

Spuren von Waldglas. Vielleicht sollte ich mir lieber erst den Wauwau ausleihen und den fast unverbauten See auf einem der insgesamt 200 Kilometer umfassenden markierten Wanderwege

vom Pferdekutscher für Equipment und Crew zur kompetenten Anlaufstelle für alle Fragen der Filmcrews. Viele weitere Produktionen folgten und damit auch die Gäste. Seit knapp 30 Jahren findet am Weißensee die „Alternative holländische 11-Städte-Tour" statt und lockt jährlich an die 6 000 Gäste in die Region. Da die Kanäle und Seen in den Niederlanden nicht mehr beständig zufrieren, wurde als alternativer Austragungsort des traditionellen Wettbewerbs der Weißensee gewählt. Die 200 Kilometer lange Strecke gilt als Königsdisziplin unter den Eisschnellläufern. Aber auch Familien und Hobbysportler flitzen hier gerne auf ihren Kufen über den See.

Manchmal werden sie Zeugen eines äußerst seltsamen Treibens. Dann sieht man Menschen mit Flossen und Sauerstoffflaschen über das Eis watscheln. Es sind Gäste der Tauchschule, die einer ebenso gefährlichen wie schönen Leidenschaft frönen: dem Eistauchen. „Dafür muss man wirklich eine Begeisterung haben. Es ist furchtbar kalt. Man muss ein guter Taucher sein, aber dafür belohnt einen der See unter dem Eis mit einer bizarren Welt und dem klarsten Wasser, das man sich vorstellen kann", hat mir Jutta Hofer verraten. Für die Wintersaison melden sich Gruppen aus ganz Europa oft schon ein Jahr vorher bei den Tauchprofis an.

Die atemberaubende Berg-See-Kulisse des Weißensees lockt im Winter Eissportler und Filmteams.

Der **Naturpark Weißensee** informiert über Sommer- und Winterangebote. Online findet sich auch eine Tourenkarte für Wanderer und Mountainbiker.

→ ***www.weissensee.com***

→ ***Fahrpläne zu den Linienschifffahrten gibt es unter***
www.weissenseeschifffahrt.at
(Familie Winkler)
www.weissensee-schifffahrt.at
(Familie Müller)

Eismeister online

Welche Flächen am Weißensee im Winter zum Eislaufen freigegeben sind und wo man am besten zusteigt, veröffentlicht Eismeister Norbert Jank auf einer Website. Dort gibt es auch aktuelle Informationen zu (Gratis-) Parken, Fahrzeiten der Shuttlebusse und Veranstaltungen. Der Eislaufverein verleiht seit heuer für Kinder und Erwachsene Eisbuggys. Das sind Stützen aus Metall, die einfach vorne hergeschoben werden und ungeübten Eisläufern das glatte Vergnügen versüßen. Erhältlich sind die Buggys bei den Kassen. Dort sollten sie, auch wenn weder Leihgebühr noch Pfand verlangt wird, wieder retourniert werden.

→ ***www.natureislauf.at***

Kulinarischer Höhenflug

Unbedingt einen Besuch abstatten sollte man der Naggleralm. Wirtin und Tausendsassa „ALMut" Knaller hat ihren Vornamen zum Programm gemacht. Auf 1320 Meter Seehöhe kann man ausspannen, die Sonne genießen und sich vor allem durch die regionale Speisekarte kosten. Die eigens für die Naggleralm produzierte „Halterwurst" kommt vom Lesachtaler Fleischermeister Markus Salcher. Immer wieder finden auch Menüabende und musikalisch-kulinarische Events statt. Erreichbar ist die Naggleralm für Wanderer von Techendorf über den Mittagsnock (ca. 3 Stunden) oder ab der Talstation der Weißensee-Bergbahn (ca. 1,5 Stunden). Am bequemsten geht es natürlich direkt mit der Bergbahn. Ab der Bergstation spaziert man zirka 10 Minuten bis zur Hütte. Auch auf der Alm laden kleinere Spaziergänge etwa zum EU-Denkmal ein, das an den von der Europäischen Union verliehenen Tourismuspreis erinnert (ca. 15 Minuten).

→ ***Naggleralm***
Almut Knaller
9762 Weißensee
Tel. (0699) 10361000
www.naggleralmut.at
Öffnungszeiten:
Von Mai bis Oktober
Dienstag bis Sonntag 9 bis 17 Uhr
Montag Ruhetag
Ab Mitte Dezember bis Mitte März
täglich von 9 bis 17 Uhr

Klippenspringen für Mutige

Die „Kleine Steinwand" am Weißensee ist bei Klippenspringern sehr beliebt. Die schroffe Felswand nahe dem Ronacherfelsen ist zu Fuß oder mit dem Linienschiff (Station „Kleine Steinwand") erreichbar. Es gibt Sprungstellen in der Höhe von 2 bis 18 Metern. Professionelle Anleitung für das Klippenspringen gibt es bei geführten Touren der Kärntner Sportschule Fit & Fun.

→ ***Fit & Fun***
Tel. (04716) 597
www.fitundfun-outdoor.com

Farchtensee

Nur wenige Kilometer vom Weißensee entfernt, befindet sich zwischen den Ortschaften Boden und Kreuzen der Farchtensee. Die 11 Hektar große Wasserfläche liegt im weitgehend unverbauten, 190 Hektar großen Landschaftsschutzgebiet auf 985 Meter Seehöhe. Im Sommer erreicht das Wasser maximal erfrischende 21 Grad. Im Norden befinden sich satte Nasswiesen. Westlich und östlich breiten sich urwüchsige Kalkflachmoore aus.
Der See beherbergt den höchstgelegenen Edelkrebsbestand Kärntens. Die Tiere fühlen vor allem im ausgedehnten Gürtel der gelben Teichrose wohl, die hier üppig wächst. Der unmittelbare Uferbereich ist öffentlich nicht zugänglich.

Geheime Zeichen. Einen der rätselhaftesten Orte Kärntens findet man auf dem Weg von Kreuzen zum Farchtensee im Gemeindegebiet von Paternion. Es ist ein 21 Meter breiter, bis zu 13 Meter hoher Felsen, der im Volksmund den seltsamen Namen Hundskirche trägt. Viele fahren auf der Farchtensee-Landesstraße an diesem mystischen Platz vorbei, ohne ihn eines Blickes zu würdigen. Andere Menschen zieht er in seinen Bann und er wird für sie umso geheimnisvoller, je mehr sie ihn erforschen. Eine Kirche war der Felsen einst tatsächlich: In den Zeiten des Geheimprotestantismus im 17. und 18. Jahrhundert diente der Ort als Versammlungsplatz. Der Felsen ist übersät von mysteriösen Symbolen und Inschriften, die schon bei ihrer der erstmaligen Erwähnung in der Literatur Fragen aufgeworfen haben. Ludwig Jahne schrieb in der Neuen Deutschen Alpenzeitung 1879: *„Bei einem dieser Felsen, der jenseits des Baches eine von Gebüsch halb verdeckte Wand dem Wege zukehrt, machten wir Halt und gingen, denselben näher zu betrachten. Er ist in der Gegend unter dem Namen Hundskirche bekannt und trägt einige schon vollständig verwitterte Skulpturen, von denen wir 2 Hunde, eine Schlange, en relief gearbeitet, sowie einzelne Buchstaben erkannten; letztere stehen fast alle verkehrt und es lässt sich schwer ein Zusammenhang derselben herausfinden. Das Ganze soll jedenfalls aus der Zeit der Protestantenhetze stammen und von den damaligen Khevenhüllern ausgeführt worden sein. Etwas Näheres über dieses sonderbare Ding habe ich nicht erfahren.“*

Mysteriöse Symbole und Inschriften an der Hundskirche

Mittlerweile haben sich einige Experten mit der Hundskirche beschäftigt, immer weitere Zeichen gefunden und sie interpretiert. Man ist sich überwiegend einig, dass der Name der Hundskirche von den in Stein gehauenen Hunden auf der West- und Ostseite des Felsens kommt. Laut überlieferten Sagen, könnte sich „Hunds“ aber auch von Heiden ableiten. Sie sollen dort gehaust und ihre Gottesdienste beim Felsen abgehalten haben. Eine weitere Legende mit tatsächlichem Wahrheitsgehalt berichtet, dass ein Graf Khevenhüller, „dem daselbst Bergbaue zu eigen war“, damals die Schriften auf dem Felsen hat anbringen lassen. Zumindest hatte das

Adelsgeschlecht einst die Herrschaft über dieses Gebiet inne und musste später aufgrund der Gegenreformation auswandern. Der dargestellte Hund könnte, so eine gängige Erklärung, für den später von den Katholiken heiliggesprochenen Petrus Canisius stehen (*canis* ist der lateinische Begriff für Hund). Der Jesuit war als Vorkämpfer der Gegenreformation eine Bedrohung für die evangelische Kirche, die durch einen Turm dargestellt sein dürfte.

Die meisten Forscher, die sich bisher mit den Zeichnungen beschäftigt haben, sehen außerdem einen Zusammenhang mit der regen Suche nach Bodenschätzen in der Umgebung. Darauf weist das seit dem 16. Jahrhundert gängige Bergbausymbol der gekreuzten Werkzeuge Schlägel und Eisen hin, das auf der Westseite des Felsens zu sehen ist. Schon die Römer sollen hier nach Edelmetall gesucht haben, noch heute sind ganz in der Nähe Hobbygoldwäscher tätig. Man vermutet, dass sogenannte Freigrübler – diese hatten nichts mit philosophischem Grübeln oder Nachdenken zu tun, sondern waren „freiberufliche" Bergmänner – die Zeichen hinterlassen haben könnten. In den Sagen über die Walischen oder Venediger liest man von mysteriösen Zeichen, mit denen sich diese wandernden

Die Hundskirche war ein geheimer Treffpunkt der Protestanten im 17. und 18. Jahrhundert.

Bergleute, die vermutlich aus Italien stammten, verständigt haben. Die gekrönte Schlange auf dem Felsen (auch Königsschlange oder Haselwurm) ist so ein altes Bergmannszeichen.
Gut erkennbar ist der Schriftzug „CRUES". Ursprünglich hielt man das C für ein G und das Wort für eine Grußbotschaft. Mittlerweile ist klar, dass es sich dabei um ein Akronym aus dem Namen von Conrad Rues handelt. Rues war um 1555 Pfarrer in Paternion und einer der ersten protestantischen Prediger in Kärnten. Man vermutet, dass er den Ort durch das Anbringen seines Namens evangelisch „gemacht" hat.
Der aufmerksame Besucher wird, wie so viele Entdecker vor ihm, noch weitere Zeichen finden. Ein Schriftzug, der „KOFLER" ähnlich sieht, das Krönchen auf dem Schlangenkopf, eine Schnecke, ein Zickzackband, das auch eine Wegmarke mit Bergbeschreibung sein könnte (zwei große und zwei kleine und dahinter wieder ein großer Berg), Jahreszahlen und vieles mehr.
Mein persönlicher Favorit des altertümlichen Graffitis stammt laut Forschern aus dem 16. Jahrhundert. Wild verteilte Buchstaben, die verkehrt stehen oder auf dem Rücken liegen, bilden den Schriftzug „ALSO GETS IN DER WELT". Quasi ein Schriftbild über die Wirrungen und Irrungen. Das ist wohl heute noch genauso geistreich wie damals.

Wohlfühloase. Der Farchtensee ist nach diesem unheimlichen Ort das beste Ziel, um die Gedanken wieder zu ordnen und Abstand von der Welt zu bekommen. Die stille Idylle genießt man am besten bei einem Spaziergang. Das Seebecken ist im Süden durch den Kamm der Graslitzen (2044 m) und im Norden durch den Bergrücken des Zlan-Nocks begrenzt. Im Süden reicht der Wald bis zum Ufer, die Nasswiesen im Norden des Sees bieten eine bemerkenswerte Fauna. Im Wasser tummeln sich Hecht, Karpfen, Rotauge, Schleie, Barsch und Rotfeder.
Und noch jemand fühlt sich hier wohl: Meister Petz. 1884 glaubte man, den letzten Braunbären Österreichs in den Gailtaler Alpen erlegt zu haben. Doch das Gebiet ist in Wahrheit nie bärenfrei gewesen. Heute haben die Kärntner Bären einen rührigen Kämpfer an ihrer Seite. Hans Peter Sorger, Gründervater der Interessensgruppe

Die sommerliche Nachmittagssonne am Farchtensee genießt auch Hund Shadow.

„Respect to Wildlife“, setzt sich für den vom Aussterben bedrohten *Ursus arctos* ein. Am Farchtensee schaut das scheue Tier immer wieder vorbei. Tatzenspuren und der eine oder andere geplünderte Bienenstock zeugen davon. Zu Gesicht bekommen wird man einen Alpenbraunbären kaum, das Tier wittert Menschen schon von Weitem und weicht ihnen aus. Ist ein Bär jedoch verletzt oder treibt man ihn in die Enge, verteidigt er sich vorerst mit Scheinattacken. Mit fauchenden Luftstößen prescht er auf den Eindringling zu, stoppt und schlägt mit seinen Vorderpranken in die Luft. Spätestens jetzt sollte man ruhig und besonnen, ohne zu rennen, den Rückzug antreten. Auf eine Konfrontation legen es Bären nicht an, sie können aufgrund unserer Größe unsere Wehrhaftigkeit nicht einschätzen. Bewegt man sich aus der Fluchtdistanz des Tieres, die in etwa 40 bis 70 Meter beträgt, beruhigt sich das Tier wieder, weil es den Rückzug als Akzeptanz seines Reviers wertet. Übrigens: Die Flucht auf einen Baum nutzt gar nichts – der Braunbär ist ein hervorragender Kletterer und mit Sicherheit schneller.

Hundskirche

Der denkmalgeschützte Felsen mit den Zeichnungen und Inschriften befindet sich zwischen Boden und Kreuzen nur wenige Meter südlich der Farchtensee-Landesstraße (L 34). Man kann direkt an der Straße parken. Um zur Hundskirche zu gelangen, muss man den Moschbach überqueren, der aber nicht immer Wasser führt.

Einkehr in der Idylle

Wunderbar urig lässt es sich in der Almrauschhütte in Boden einkehren. Kärntner Spezialitäten stehen auf der täglich ausgeschriebenen Speisekarte. Natürlich gibt es Brettljause & Co. Es empfiehlt sich aber, nach den Tagesgerichten zu fragen. Hier wird gekocht, wie es nur noch eine echte Kärntner (Ur-)Oma kann.

→ ***Almrauschhütte***
9714 Boden
Tel. (04761) 394

Egelsee

Hoch oben auf dem Millstätter Seerücken liegt der 1,6 Hektar große und 8,4 Meter tiefe Egelsee am Fuß des sagenumwobenen Hochgosch. Die wildromantische Ruhe auf 800 Meter Seehöhe ist seit 12 000 Jahren unverändert – damals, im sogenannten Postglazial, hat sich diese Moorlandschaft geformt. Lange Zeit hatte der See nicht einmal einen Namen. Nicht nur im Sommer ist er ein empfehlenswertes Ausflugsziel. Nur 3 Kilometer vom Millstätter See entfernt, ist er auch ein beliebtes Wanderziel. Das schwarze Wasser und die Moorlandschaft haben viel Stoff für Legenden in der Umgebung geliefert. Im Jahr 1991 wurde der Egelsee zum Naturschutzgebiet erklärt.

Schwarzes Wasser mit großer Geschichte. Kommt Ekel von Egel? Das schwarze Wasser des Egelsees lässt vermuten, dass sich hier Blutegel tummeln. Immerhin hat dieser Moorsee eine Vielzahl an Getier und Gedachs zu bieten. Wer seine Zehen in das Wasser taucht, das arm an Nährstoffen, aber reich an Schwefelwasserstoff, Stickstoff- und Phosphorverbindungen ist, muss sich aber nicht fürchten. Der Egelsee hat seinen Namen nicht von den glitschigen Würmern. Im Museum Carantana in Molzbichl wird uns erklärt: Lange Zeit wurde das Gewässer – ziemlich einfallslos – nur „See" genannt. Irgendwann, vermutlich aufgrund des nahe gelegenen Dorfes Großegg, bekam er die Namen „Eggersee" oder „Eggsee", was später zum Egelsee mutierte.
Trotzdem oder gerade deshalb sollte man sich in das Wasser auf dem Fratres, wie der Millstätter Seerücken auch genannt wird, trauen. Die Huminsäuren im Torf des Hochmoores sind für die dunkle Farbe verantwortlich, sie bereichern das Wasser mit Mineralstoffen. Der pH-Wert von 5,5 bis 6 gilt als sehr sauer und der Härtegrad von 1,9 ist außergewöhnlich weich. Das gesundheitsfördernde Bad tut vor allem Haut, Haaren und der Muskulatur gut. Allerdings empfiehlt es sich, eher flach zu schwimmen, denn die Wasseroberfläche heizt sich zwar im Sommer bis zu 30 Grad Celsius auf, aber schon ab einem Meter Tiefe fällt die Temperatur rasant ab. Auf dem Grund hat der nicht allzu tiefe See gerade einmal 4 bis 5 Grad Celsius. Hier kann man sich beim Schwimmen kalte Füße holen – aber wenn's schön macht …

Kneippen am Waldweg. Gesundheit und Wohlbefinden kann man schon auf dem Weg zum See pflegen. Startpunkt ist der historisch bedeutsame Gasthof Lug ins Land auf 750 Meter Seehöhe. „Maximal eine Viertelstunde", heißt es von einem netten Herrn, der mir die Richtung über den Kneippweg entlang des Seeabflusses weist. Der Aufstieg ist kurzweilig, die Kneippstationen laden zum Ausprobieren der Übungen und zum Plantschen ein. Besonders viel Spaß macht der Fußfühlpfad mit Moos und Tschurtschen (so heißen hierzulande die Zapfen der Nadelbäume). Die Instandsetzung des Weges ist ein Projekt der Volksschule Molzbichl. Die Schüler haben unter anderem die Sage vom Hochgosch für Spaziergänger aufbereitet.

Über Bedeutung des Kreuzsteines spekulieren Forscher wie Hobbyhistoriker bis heute

Blutstein im Wald. Nach so viel Spaß wird es auf dem Rückweg noch einmal spannend. Etwa einen Kilometer entfernt liegt, gut beschildert, der legendäre Kreuzstein am Fratres, wie der Millstätter Seerücken seit 1166 bezeichnet wird. Der Name erinnert an das frühmittelalterliche Kloster in Molzbichl. Der Kreuzstein ist ein Felsen mit eingemeißelten Mulden und Zeichen, der Historikern seit Jahren Rätsel aufgibt. Opfergaben könnten hier dargebracht worden sein, sogar grausame Rituale mit Tierschlachtungen. Andere vermuteten eine Richtstätte, da in die Mulde ein menschlicher Kopf passen würde. Immerhin war man gerade in dieser Gegend während der Zeiten der Hexenverbrennung nicht zimperlich. Es wird von Enthauptungen erzählt. Vor allem die eingemeißelten Jahreszahlen 1653, 1660, 1766 und 1792 mit Kreuzen könnten an Hinrichtungen erinnern.

Pech gehabt. „Alles Mythos", sagt der Seebodener Chronist Axel Huber. Er ist überzeugt, dass der Stein ganz einfach zur Pechgewinnung genutzt wurde. „Damals hat man einen Topf mit harzhaltigem Holz gefüllt, ihn mit einem löchrigen Deckel verschlossen und kopfüber in die Mulde gestellt. Rundherum wurde Holz entzündet. Durch die Hitze ist das Pech ausgetreten, über den kalten Stein geronnen und kondensiert. Über die Rinne hat man das Pech aufgefangen", erklärt Huber. Beweise gibt es dafür keine. Das Gebiet ist jedoch reich an Föhren und diese sind bekanntlich besonders harzhaltig. Auch in Oberösterreich soll es diese Art der Pechgewinnung gegeben haben. Außerdem leite sich der Name der Umgebung – Zmöln – vom slowenischen *smolina* (Pech) ab.

Archäologe Kurt Karpf, vom Verein „Historisches Molzbichl", der auch das Museum Carantana in Molzbichl führt, will diese Überlegungen auf keinen Fall ausschließen: „Es ist wissenschaftlich aber schwer nachweisbar, außer man findet Gefäßscherben mit Pechrückständen." Das Museum hat auf Initiative von Axel Huber archäologische Nachforschungen angestellt und will herausgefunden haben: Der Kreuzstein ist ein Grenzstein. Auf der Wasserscheide verlief über

Jahrhunderte die Grenze zwischen dem Stift Millstatt und der Grafschaft Ortenburg, der Kreuzstein wird schon 1533 als Grenzpunkt erwähnt. Dieser wurde als Rechtssymbol regelmäßig kontrolliert und schriftlich festgehalten. Die Kreuze, Buchstaben und Jahreszahlen auf dem Stein könnten deshalb auch von Kontrollgängen stammen. Noch heute treffen hier drei Katastralgemeinden aufeinander. Die Archäologen sind sich sicher: Der Kreuzstein gehörte zu einem ganzen System an Grenzsteinen und trägt die Initialen GO für (Grafschaft Ortenburg) und M (Millstatt). Die schalenförmige Vertiefung könnte eine mittelalterliche 3D-Landkarte sein und den Egelsee darstellen.

Der Seerücken war schon weit vor Christus ein beliebter Siedlungspunkt. Das beweisen auch archäologische Funde. Sogar nach Gold hat man hier gesucht, doch nichts gefunden. Wahrscheinlich hatte der Geist von Graf Heinrich die Hand drauf.

Das schwarze Wasser des Egelsees gilt wegen seiner Inhaltsstoffe als sehr gesund.

Lug ins Land

Der Gast- und Bauernhof liegt auf 750 Meter Seehöhe. Der Gastgarten mit dem schattenspendenden Nussbaum lädt zum Verweilen ein. 1286 wurde der Hof erstmals als Schafschwaige (Viehhof) urkundlich erwähnt. Der Besitzer hatte damals jährlich 300 Laib Käse an das Kloster Millstatt als Zins abzuliefern. In der heutigen Biolandwirtschaft werden noch immer köstliche Jausen produziert.

Bogenschützen und alle, die es werden wollen, können sich hier ebenfalls beweisen. 30 Ziele aus Kunststoff sind am Parcours verteilt. Es gibt Leihausrüstungen. Anfänger werden von den Profis der Sportgemeinschaft Spittal begleitet (Anmeldung im Gasthof erforderlich). Der Parcours ist von 1. April bis 31. Mai täglich geöffnet.

→ ***Gasthof Lug ins Land***
Donnerstag Ruhetag
Oberzmöln 1
9701 Rothenthurn
Tel. (04767) 8190
www.luginsland.at

Wanderweg Kunst und Natur

Alle Sehenswürdigkeiten am Millstätter Seerücken kann man in Etappen oder in einem Zug erwandern. Der gut beschilderte Themenweg „Kultur & Natur" startet in Molzbichl. Der Ort gehört zu den historisch bedeutsamsten im Drautal, sein Kloster war im 8. Jahrhundert das Zentrum zur Missionierung der Slawen in den Alpen. Von hier führen ein Wanderweg wie auch eine Straße zur Magdalenenkapelle (Foto links). Die Kirche wurde von 1995 bis 1997 vom Verein „Historisches Molzbichl" renoviert. Keramikfunde bestätigen eine Nutzung des Platzes seit dem ersten Jahrtausend vor Christus. In römischer Zeit lag unter den schroffen Felsen, auf denen die Kapelle thront, ein Ort mit Landgütern und Grabbezirken. Von der Spätantike bis ins Frühmittelalter trug der Bergsporn eine Befestigungsanlage mit Palisade. Die erste Kirche wurde hier als kleine Rundkapelle mit halbrunder Apsis als Grab gebaut. Es war vermutlich die letzte Ruhestätte des Penno von Molzbichl, der um 1060 verstarb. Der Brixner Dienstmann gehörte dem Edlingerstand der freien und waffentragenden Bauern an. Im Laufe der Jahre wurde die Grabkapelle zur Leutekirche für die Baldersdorfer. Um 1500 brach man die kleine Rundkirche ab und setzte das heutige spätgotische Gotteshaus darauf.

Am Einsiedlerbründl vorbei geht es in die Oberzmöln bis zum Gasthof Lug ins Land. Von dort kommt man in 20 Minuten zum gleichnamigen Aussichtspunkt Lug ins Land und hat, wie der Name schon vermuten lässt, einen hervorragenden Ausblick über das Drautal. Sommerfrischler dürften dem Platz seinen Namen gegeben haben, auf den Landkarten ist er als Zmölnigkofel zu finden. Im Mittelalter nannte man die Anhöhe „Stermitz", ein slawischer Begriff für „steiler Abhang". Genutzt wurde die terrassenförmige Anlage aber schon vorher. Die ältesten Funde stammen aus der Kupferzeit. Auch in der Bronze- und Hallstattzeit sowie in der späteren Latènezeit wurde der Ort genutzt, davon zeugen Keramikfunde. Archäologen gehen davon aus, dass die Kuppe des Hügels schon in der Spätantike besiedelt war. Die Befestigung dürfte erst im Zuge der Türkenabwehr im späten 15. Jahrhundert geschaffen worden sein.

Hier führt der Wanderweg weiter ins Naturschutzgebiet Egelsee. 800 Meter rechts vom See gelangt man zur Wehranlage auf dem Hochgosch. Die frühmittelalterliche Befestigung hinter dem Egelsee nimmt den höchsten Punkt des Millstätter Seerückens ein. Die Anlage auf 832 Meter Seehöhe, von der nur noch Mauerreste zu sehen sind, zählt zu den imposantesten in Kärnten. Jüngste Untersuchungen haben ergeben, dass die Befestigung mit 250 Metern Länge, 150 Metern Breite und einer Gesamtfläche von 1,9 Hektar mit Balkenhölzern aus der zweiten Hälfte des 9. Jahrhunderts gebaut worden ist.

Wer am See links abbiegt, gelangt nach einem Kilometer zum Kreuzstein auf den Fratresberg. Von dort kann man auf dem Seerücken weiter nach St. Wolfgang wandern, wo außen an der Kirche karolingerzeitliche Flechtwerksteine eingemauert sind und der Familiengasthof St. Wolfgang müde Wanderer bewirtet.

Museum Carantana

In Molzbichl wurden historisch bedeutsame Funde aus dem frühen Mittelalter entdeckt. Diese werden hier ausgestellt. Das archäologische Freigelände zeigt Reste einer Klosteranlage.

→ ***9701 Molzbichl 5***
www.carantana.at
Tel. (04767) 666
Öffnungszeiten: Mitte Mai bis Mitte Oktober, Sonntag bis Freitag von 10 bis 12 Uhr und 13 bis 17 Uhr, Samstag Ruhetag

Mit dem Rad

Der Radweg Nockbike 37 führt zum Egelsee. Die Tour kann gut mit dem Millstätter Seeradweg verbunden werden. Von der Seebodener Bucht geht es auf wenig befahrenen Schotter- und Asphaltstraßen über den Millstätter Seerücken zum Egelsee, dann weiter zur schönen Laggerbucht am Südufer des Millstätter Sees. Von hier aus gelangt man über den Seeradweg oder mit dem Schiff zurück zum Ausgangspunkt.

→ ***www.nockbike.com***

→ ***Infocenter Millstätter See***
Thomas-Morgenstern-Platz 1
9871 Seeboden
Tel. (04766) 3700-0
www.millstaettersee.com

Millstätter See

Mille statuae (lateinisch für „tausend Statuen“) sollen im Millstätter See ruhen. Der Karantanerfürst Domitian soll diese einst im Zuge der Christianisierung bei Millstatt in das Wasser geworfen und damit Ort und See einen Namen gegeben haben. Er ist mit 141 Metern der tiefste, mit 1204,6 Millionen Kubikmetern der wasserreichste, aber mit 1328,1 Hektar nur der zweitgrößte See in Kärnten. Im Sommer erreicht der See Temperaturen um die 24 Grad. Schon Ende des 19. Jahrhundert war er ein beliebtes Ausflugsziel für Sommerfrischler. Vor allem in Millstatt zeugen zahlreiche alte Seevillen davon.

Zarte Felsberührung. Der Ruf der Berge und der Seen sind in Kärnten meistens gleich laut: „Aufi muaß i" und „Eini will i" stehen in harter Konkurrenz zueinander und lassen sich meist nur chronologisch in die Ausflugsplanung integrieren. Umso überraschter bin ich, als mir mein Kletterpartner Christian Kusternig in den frühen Morgenstunden empfiehlt, Badekleidung zum Klettern einzupacken. Es geht in die spektakulärste Wand Kärntens, wo sich See und Felsen küssen. Der Jungfernsprung bei Döbriach ist zwar beschildert, aber nur wer weiß, wo er suchen muss, fährt an der B 98 Millstätter Straße nicht daran vorbei. Der Fels fällt direkt an der Straße schroff in den See ab und kann deshalb leicht übersehen werden.
Ein so markanter Punkt hat selbstverständlich auch seine Sage zu bieten: *Das Bauernmädchen Jutta vom Brandner in Matzelsdorf hatte einen jungen Verehrer, vor dem sie flüchtete. Es war ein Mönch aus dem Jesuitenkloster Millstatt, der ihr nachstellte, bis sie in Richtung Starfach flüchtete und sich in Todesangst von der Hohen Wand bei Döbriach in den See stürzte. Der liebestolle Ordensbruder hechtete ihr nach. Das Mädchen erreichte das Ufer, Frater Klement jedoch ertrank.*
Ich hole tief Luft, als mir Christian den Zustieg vom Parkplatz zum Klettersteig zeigt. Man muss sich beherzt über die Brüstung schwingen, um zu einer Leiter aus Eisenhaken und zu einem kleinen Steig zu gelangen. Zwei morgendliche Radfahrer schauen uns neugierig zu. Doch das kleine Schild „Zustieg Klettergarten" bestätigt die Legalität unseres Unterfangens.
Es geht ein kurzes Stück durch den Wald. Hier teilt sich der Weg. Man hält sich am besten rechts, wo ein kleiner, leichter Klettersteig zum Wasser führt. Dort erwarten uns die vier Plattformen. Wir suchen uns ein gutes Platzerl und packen die Ausrüstung aus. Ein 60-Meter-Seil braucht man für die Steige durchaus. Zumindest einer der Kletterer sollte auch Vorstiege gehen können, also das Sicherungsseil für die nachfolgenden Kletterer durch die Route führen. Ein Anbringen des Seils von oben ist nicht möglich.

Klettern am Jungfernsprung über dem Wasser des Millstätter Sees.

22 Sportkletterrouten in unterschiedlichen Schwierigkeitsgraden mit lustigen Namen stehen zur Verfügung, von 3a (Fong on – also: Fang an) bis 7a+ (Kreuzzug und Ritzenputzer). Die Klettertouren startet man von vier Holzflößen, die unter der Wand im See schwimmen. Die Atmosphäre und im Augenwinkel der Ausblick auf den See sind atemberaubend. Das Gestein ist äußerst kompakt. Besonders empfehlenswert ist auch der Bouldergang „Der See ruft" mit Seilbrücke über den See. Wer frühmorgens kommt – was aus zweierlei Gründen zu empfehlen ist, da der kleine, aber feine Klettergarten von Einheimischen gut besucht ist und die Sonne die Südwand im Laufe des Tages aufheizt – genießt auch die Stille am See.

Abstürze ins Wasser gibt es, dank der Sicherung, nicht. Einige Mutige springen jedoch von den Felsen in das kühle Nass – was nicht gerne gesehen wird. Vor allem, wenn viele Sportler hier sind, kann es schnell eng werden. Auf den Flößen sollte man außerdem seine sieben Sachen gut verstauen, wie wir lernen. Ein unachtsamer Tritt kickt die Expressschlinge von Christian ins Wasser. Das Alpingerät verabschiedet sich in die Tiefe, ein Nachtauchen ist nicht mehr möglich.

Abenteuerliche Seilbrücke entlang des Boulderganges beim Jungfernsprung

Kaiserliche Netze. Die Fischer haben es währenddessen auf andere Beute abgesehen. Sie holen in der Mitte des Sees ihre Netze ein. Diese Art des Fischens hat eine lange Tradition. Das Kloster Millstatt, vermutlich um 1070 von Benediktinern gegründet, bekam das Fischereirecht bereits 1177 von Papst Alexander III. und Kaiser Friedrich III. bestätigt. Das Stift musste dafür vierteljährlich 50 Låxn (Seeforellen) an den Hof liefern. Später versorgte unter anderem der k. u. k. Hoffischer Franz Bacher den Kaiserhof in Wien und die Kaiserliche Residenz in München. Heute haben sich seine drei Urenkel, allesamt Hoteliers, zu den „Reinankenwirten vom Millstätter See" zusammengeschlossen. Peter Sichrowsky vom Familienhotel Post nimmt auch Gäste mit zum Angeln. Gemeinsam werden Meter für Meter die Schwebenetze ins Boot geholt, wie die Tradition es will. Besonders begehrt ist eben die Reinanke. Der lachsähnliche Fisch ist nach der letzten Eiszeit in einige Kärntner Seen gelangt.

Für die gute Wasserqualität, in der er sich wohl fühlt, sorgen an die 200 Bergbäche, die in den Millstätter See münden. Auch der Hauptzufluss durch den Riegerbach ist stetig, aber nicht stark. So hält der See bis in den Herbst hinein hohe Temperaturen. Im Sommer wird er bis zu 24 Grad warm.

Übelriechender Kern. Durch seine Tiefe gilt der Millstätter See als meromiktisch und damit als naturkundliche Besonderheit. Vorstellen kann man sich das wie einen Cocktail mit mehreren Farbschichten: Um diese so schön bunt getrennt ins Glas zu zaubern, verwenden Barkeeper Flüssigkeiten mit unterschiedlicher Dichte. Dasselbe passiert in den Seen: Wasser verändert mit der Gradzahl seine Dichte, was viele beim Schulexperiment „vom Eisklumpen bis zum Dampf" wohl schon einmal beobachtet haben. Diese Dichteschichtung im See verhindert im Sommer und Winter den Austausch zwischen den Tiefenstufen. Im Herbst und Frühjahr erreicht die Wasseroberfläche jedoch dieselbe Temperatur, die auch in den untersten Schichten herrscht: 4 Grad. Die Dichtebarrieren sind damit aufgehoben und der Wind bringt Bewegung hinein. Die von den Wasserpflanzen und aus der Luft mit Sauerstoff angereicherte Oberschicht vermischt sich mit der Unterschicht, in der Zersetzungsprozesse besonders viele Nährstoffe bilden. Der Seenforscher nennt dieses Verhalten eines Sees Mixis oder Zirkulation.
Der im Verhältnis zu seiner Fläche besonders tiefe Millstätter See schafft die Umwälzung nicht. Das Tiefenwasser ab 50 bis 70 Meter wird von der Zirkulation nicht erfasst, weshalb von einer Teilzirkulation oder Meromixis gesprochen wird. Das sogenannte Monimolimnion ist dunkel, in der anaeroben Umgebung stinkt es außerdem nach faulen Eiern. Da Sauerstoff fehlt, werden organische Substanzen hier nicht vollständig abgebaut, es kommt zur Bildung von übelriechendem Schwefelwasserstoff. Außerdem löst sich Phosphor aus dem Seesediment und reichert sich im monimolimnischen Tiefenwasser an. Normalerweise bekommt man das nicht mit, außer der Wind ist so stark, dass doch ein Teil des Monimolimnion an die Oberfläche getragen wird. Übrigens wurde die Meromixis vom Kärntner Limnologen Ingo Findenegg entdeckt und 1935 erstmals beschrieben.

Eine Skulptur des Domitian von Kärnten am Schillerstrand in Millstatt

Kunst am und im See. Auf den Spuren des heiligen Domitian in Millstatt lassen wir den Tag ausklingen. Historisch gesehen ist Millstatt die drittwichtigste Sommerresidenz nach Pörtschach und Velden. 1883 beschrieb der Journalist Karl Emil Franzos Millstatt als „nicht imponierend, nicht majestätisch“, doch gerade das mache den See wertvoller als „die laute, grelle Schönheit anderer Seen“. In den darauffolgenden Jahren folgten Tennisplätze, Parkanlagen und Spazierwege. In Badekabinen konnte man, geschützt vor unziemlichen Blicken, ins Wasser eintauchen. Ein Pferdeomnibus kutschierte die Anreisenden vom Bahnhof Spittal an den Millstätter See. Auch die Nachbargemeinden sprangen bald auf den Tourismuszug auf. 1825 beschreibt der Hofkammerbeamte Josef Kyselak die Gegend um Seeboden mit den Worten: *„Eine Stunde schlenderte ich noch an dem fischreichen See durch die elenden Dörfer Görtschach und Lerchendorf fort, bis er bei Wirlsdorf endete. Sumpfige Wiesen, die hölzernen Hütten der Schmutz liebenden Einwohner kaum ertragend, sind der beständige Anblick des abwechselnden auf Gangstiegen versinkenden Wanderers.“* Um 1890 konnte sich auch Seeboden als ruhiger Tourismusort etablieren. Heute hat man sich das Thema „Garten:Kunst am See“ als Leitbild gesetzt. Dieses beinhaltet Logenplätze am See, Blumenschmuck, ja, sogar die eigene Rose „Seebodner Rosentraum“, Themenwanderungen und im Jahr 2024 soll als Abschluss zum 100. Geburtstag des Seebodner Bildhauers Otto Eder dessen Lebenswerk in den Vordergrund rücken.

Mit vielen Statuen und Kunstwerken am See scheint man auch wieder an die Zeit des heiligen Domitian anknüpfen zu wollen. Sein Leben schildert eine Pergamentschrift aus dem 15. Jahrhundert, die im Stiftsmuseum in Millstatt zu sehen ist. Sie ist eine Abschrift eines noch älteren Berichtes, der auf die Zeit um 1170 zurückgeht: „So steht es fest, dass der selige Domitian einst als Herzog Karantaniens gelebt hat, wie ja auch an seinem Grabmal in Stein gehauen zu lesen ist: ‚Im Namen des Vaters und des Sohnes und des Heiligen Geistes. Hier ruht der selige Herzog Domitian, der erste Gründer dieser

Kirche, der dieses Volk vom Unglauben zum Christentum bekehrte.'"
Als der Herrscher mit slawischer Abstammung nach Millstatt kam, fand er eine bedeutsame Götzensammlung des heidnischen Volkes vor, die er sogleich im See versenkte. Daran erinnert heute, fast ein bisschen ironisch, eine Statue im See. *Mille statuae* soll etymologisch der Ursprung des Namens Millstatt sein, darüber scheiden sich jedoch die wissenschaftlichen Geister. Ebenso gut könnte der Ortsname von Mühlstadt (da es am Riegerbach einst Mühlen gab) stammen oder sich vom vorslawischen Mils, dem verkürzten Melissa (Bergbach), ableiten. Erstmals urkundlich erwähnt wird zwischen 1065 und 1075 „Milistat".
Unsererseits lassen wir die Statuen gerne im See ruhen, wir haben ihnen ja schon Kletterequipment geschenkt und checken lieber im weiß leuchtenden „1. Kärntner Badehaus" in Millstatt ein. Der See lässt sich hier das ganze Jahr genießen. Edle Wellness am See soll an die Sommerfrische der Aristokraten erinnern. Glücklicherweise sind die Anstandsregeln modern, ebenso wie die Saunen und die Wellnessangebote und der Pool mit Seepanorama. Der Ruf des Berges ereilt mich am Nachmittag doch noch einmal, ich werde zur Granatstein-Massage gerufen.

Zwei Wahrzeichen des Millstätter Sees: Der 1931 errichtete Sprungturm und das 2012 errichtete Badehaus im Baustil des 19. Jahrhunderts.

Jungfernsprung

Von Döbriach auf der B 98 Millstätter Straße in Richtung Millstatt. Direkt in der markantesten Kurve befindet sich links ein kleiner Parkplatz oberhalb des Sees. Zirka 200 Meter weiter gibt es eine weitere Parkmöglichkeit. Der Zustieg ist gut beschildert. Wer selbstständig klettern gehen will, sollte Sicherung und ein 60-Meter-Seil mitnehmen. Es gibt auch geführte Touren und Schnupperklettern mit Hubert Granitzer. Anmeldung im Tourismusbüro Döbriach, dort gibt es außerdem Kletterführer zu anderen Klettergärten rund um den Millstätter See.

→ ***Tourismusinfo Döbriach***
Hauptplatz 8
9873 Döbriach
Tel. (04246) 787811
www.doebriach.at

Frühstück

Frische Semmerl und heißen Kaffee zum Aufwachen vor dem morgendlichen Klettern gibt es in der regionalen Bäckerei Meixner-Müller. Auch an Sonn- und Feiertagen hat das Geschäft schon ab 6 Uhr geöffnet.

→ ***Bäckerei Meixner-Müller***
Hauptstraße 29
9873 Döbriach
Tel. (04246) 7718
Öffnungszeiten: Montag bis Freitag 6 bis 18 Uhr, Samstag 6 bis 12 Uhr, Sonn-/Feiertag 6 bis 10 Uhr
www.meixner-mueller.at

Reinanken-Fischen

In Ruderbooten fährt Peter Sichrowsky mit den Gästen morgens (mit anschließendem Frühstück) und abends (mit Dinner) auf den See hinaus. Startpunkt ist das Hotel Postillion. Die Schwebenetze werden aus dem See gezogen und die Fische eingebracht. Dauer: ca. 2 Stunden.

→ ***Familienhotel Post***
Mirnockstraße 38
9872 Millstatt
Tel. (04766) 2108

Ein **kulinarischer Geheimtipp** ist der Fischimbiss Brugger. Der Fisch-Burger ist ein Muss! Hier bekommt man außerdem das ganze Jahr über frisch gefangene Reinanken. Zusätzlich verkauft die Fischerei Brugger auf den Wochenmärkten in Spittal (Donnerstag 7.30–12 Uhr im äußeren Hof des Schloss Porcia), Villach (Samstag am Burgplatz, Drauländе 7.30–12 Uhr), Klagenfurt (Benediktinermarkt, Donnerstag und Samstag 7.30–12 Uhr) und in der Greißlerei in Millstatt am See (Kaiser-Franz-Josef-Straße 61, Tel. 0699 12477065).

→ ***Seefischerei Brugger***
Dellach 6
9872 Millstatt
Öffnungszeiten: Fischimbiss im Garten von Mai bis September, Mittwoch bis Sonntag 11 bis 14 und 16 bis 20 Uhr, Montag und Dienstag Ruhetag

Informationen zu allen Reinankenwirten:

→ ***www.reinankenwirte.com***

Perfekte Koordinaten

Direkt an der Promenade an der Einfahrt von Millstatt, von Seeboden kommend, befindet sich eine Pyramide im See. Die ausgeklügelte Floßkonstruktion beherbergt eine Bar, die ihresgleichen sucht. Das Kap 4613 – benannt nach den eigenen Koordinaten auf dem Globus – lädt das ganze Jahr über zum Chillen ein. Auf der Feuerinsel, der schwimmenden Terrasse der Pyramide, lässt es sich nicht nur im Sommer herrlich entspannen und genießen. Im Winter verleitet ein wundervoller Adventmarkt zum Bummeln. Kinder können ihre Wünsche ans Christkind mit kleinen Schiffchen in See stechen lassen. Abends lässt die sympathische Chefin Michaela Pacher gerne einmal eine Band auf einem mobilen Floß vorbeischippern.

→ ***Kap 4613***
Kaiser-Franz-Josef-Straße 330
9872 Millstatt
Tel. (0664) 3888318
www.kap4613.at
Öffnungszeiten:
Jänner und Februar: Mittwoch und Donnerstag ab 15 Uhr, Freitag bis Sonntag und Feiertag ab 12 Uhr
März bis Mai: Dienstag bis Freitag ab 11 Uhr, Samstag ab 10 Uhr, Sonntag und Feiertag ab 9 Uhr, Montag Ruhetag

Romantische Insel

Mit seinem Schatz endlich auf eine eigene Insel verschwinden? Kein Problem! Mitten im Millstätter See wird für das Angebot „Dinner for 2" auf einem Floß mit Palmen der Tisch festlich gedeckt. Und zwar der Tisch mit der

besten Aussicht, weil der einzige. Mit dem Motorboot geht es zum Floß, wo die Zweisamkeit nicht ungestörter sein kann. Das 7-Gang-Galadinner (350 Euro für zwei Personen) wird vom persönlichen Butler ebenfalls per Boot gebracht.

→ ***Koller's Hotel ****Superior***
Seepromenade 2–4
9871 Seeboden
Tel. (04762) 82000
www.kollers.at
Buchbar in den Monaten Juni, Juli, August.

Wellness

Das „1. Kärntner Badehaus" hat ganzjährig geöffnet.

→ ***Kärnten Badehaus***
Millstätter Bäder Betriebs GmbH
Kaiser-Franz-Josef-Str. 334
9872 Millstatt am See
Tel. (04766) 2636-0
www.badehaus-millstaettersee.at
Öffnungszeiten: Täglich 10 bis 21 Uhr

Böse Seen

Die Bösen Seen auf der Lammersdorfer Alm hoch über dem Millstätter See sind eigentlich ganz lieb anzuschauen. Diese vielen kleinen Seen sind eine Besonderheit, denn sie kommen und verschwinden ohne erkennbares Muster, weshalb man sie auch nicht genau beziffern kann. Sie führen Wasser ohne erkenntlichen Zufluss. Wo das Wasser herkommt, ist nicht bekannt. Man vermutet, dass es durch einen sogenannten Kapillareffekt vom Millstätter See auf 2040 Höhenmeter gedrückt wird.

Mysteriöse Wasser. Wie, bitte schön, kann ein See überhaupt böse sein? Oder zumindest so heißen? Schon als ich das erste Mal von den Bösen Seen über Millstatt gehört habe, hat mich ihr Name fasziniert. Und so stehe ich jetzt vor einem der „Seen" – und bin ein bisschen enttäuscht. Er ist winzig, vielleicht 30 Zentimeter tief. Sein klares Wasser würde man im Kärntnerischen als „klane Låckn" (seichte Pfütze) bezeichnen. Bösartigkeit kann ich jedenfalls keine entdecken. Sepp Obweger, Obmann des Almwirtschaftsvereins auf der Lammersdorfer Alm, weiß eine Geschichte zu erzählen. „Der Sage nach ist hier einmal ein Ochse hineingefallen. Das Tier tauchte später am Millstätter See ertrunken wieder auf", raunt er mir zu. Bemerkenswert, immerhin sind wir hier auf 2040 Meter Seehöhe und der Millstätter See liegt 588 Meter über dem Meeresspiegel. Da ist das Rindvieh kurz einmal an die 1500 Höhenmeter abgetaucht?!

Mitten im größten Granatvorkommen Mitteleuropas findet man die Edelsteine auf Schritt und Tritt.

Mysteriös ist aber nicht nur die Legende. Einige Seen führen hier immer Wasser. Auch bei Trockenheit. Quellen oder einen Zufluss gibt es jedoch nicht. „Wir haben uns schon oft den Kopf darüber zerbrochen. Erklärung haben wir noch keine gefunden. Vermutlich gibt es aber eine Kapillarwirkung mit dem Milltätter See", sagt Obweger. Flüssigkeiten steigen bei Kontakt mit Kapillaren (das sind Röhren, Spalten und Hohlräume in festen Stoffen) entgegen der Schwerkraft nach oben. Im Physikunterricht gab es das Experiment mit dem Strohhalm. Wird ein Röhrchen in Wasser getaucht, steigt das Wasser entgegen der Schwerkraft im Trinkhalm nach oben. Je dünner das Röhrchen ist, umso höher steigt das Wasser. Bäume und Blumen ziehen mit feinen Kapillaren Wasser aus dem Erdboden.

Rund um die Bösen Seen zahlt sich auch ein Blick auf den Boden aus. Man befindet sich schließlich mitten im größten Granatvorkommen Mitteleuropas. Hier heißen diese besonderen Steine „Blutstropfen der Alpen", denn die Kärntner Granate sind für ihre tiefrote Farbe berühmt. Die Karfunkelsteine, wie Granate im Mittelalter genannt wurden und wie sie auch in vielen Märchen bezeichnet werden, waren vor allem im 19. Jahrhundert populär. Schon in

Blick von der Alm auf
den Millstätter See

der Antike kannte man Granate als Schmuckstein. Ägypter, Griechen und Römer orteten darin magische Kräfte. Über Reisende und Wanderer, die einen Granat als Talisman im Sack haben, soll sein Zauber eine schützende Hand halten und ihnen Hoffnung und Vertrauen schenken. Im gesamten Gebiet der Millstätter Alpe findet man Granate. Vor allem aber rund um das Granattor, einem Kunstwerk an einem der schönsten Aussichtspunkte. Es ist mit Tonnen von Granatsteinen gefüllt und auch der Endpunkt des *Sentiero dell'Amore.* Dieser Abschnitt des Millstätter Höhensteiges steht im Zeichen der Liebe. Von der Alexanderhütte auf der Millstätter Alpe und einer *Wall of Love* wird gestartet. Entlang des Weges gibt es sieben Stationen zum Verweilen, Nachdenken oder Lesen. Wanderer Dolfi Scherer gibt mir den Tipp, einen großen Rucksack mitzunehmen: „Vorbei am Granattor bis zum Obermillstätter Almkreuz kann man Granatsteine schaufeln!"

Das Granattor auf dem höchsten Punkt des Wanderweges „Sentiero dell'Amore" auf der Millstätter Alpe.

Das will ich jedoch gar nicht. Aber erlaubt ist es, einen Stein, den man mit der Hand aufnehmen kann (also ohne Werkzeuge zu benutzen), als Souvenir einzustecken. Die Granate sind allerdings oft in Glimmerschiefer eingefasst. Erkennbar sind sie meist nur durch ihre markante Form, die sich unter der silbrigen Oberfläche abzeichnet. Granate bilden natürlich die Form eines Dodekaeders, einer Kugel mit 12 Flächen.

Befreien kann man die Edelsteine von der Schieferschicht mit Wasser. Man legt die Fundstücke für längere Zeit darin ein. So aufgeweicht lässt sich das graue Gestein leicht vom Granat lösen. Professionelle Anleitung in der Granatgewinnung bekommt man im „Granatium" in Radenthein. Dort dürfen große wie auch kleine Schatzsucher nach einem Rundgang durch die sehenswerte Granatausstellung mit Spezialwerkzeug Granate aus dem Fels schlagen. Ein Profi schleift die Fundstücke vor Ort, damit sie schön funkeln.

Lammersdorfer Hütte

Die Lammersdorfer Hütte ist über die asphaltierte Lammersdorfer Almstraße (Mautstraße, 5 Euro pro Pkw) bequem erreichbar und ab Millstatt und Dellach gut beschildert. Sie eignet sich hervorragend als Ausgangspunkt für Touren. In der angeschlossenen Almsennerei wird die Milch von den 30 Almkühen der hiesigen Senner zu Käsespezialitäten und Almbutter verarbeitet. Das Granattor ist von der Lammersdorfer Alm leicht zu erreichen.

Stana Mandl und Böse Seen

Ein Rundweg führt ab der Lammersdorfer Hütte über den Enzian-Granat-Steig hinauf zum Stana Mandl auf 2063 Meter Seehöhe mit prächtigem Ausblick. Vor allem im Mai und Juni, wenn der Enzian blüht, ist dieser Weg besonders empfehlenswert. Oben geht es zum Obermillstätter Almkreuz und über den flachen Almboden weiter zu den Bösen Seen. Zurück geht es über den Almbrunn-Steig mit acht Wasserstationen, die über das kalkarme Wasser und seine Bedeutung für die Almwirtschaft informieren. Für die gesamte Runde sollte man sich 3,5 Stunden Zeit nehmen. Wer sich nur am Almbrunnsteig vorbei an Feuchtbiotopen und Brunnen auf den Weg zu den Bösen Seen und zurück macht, braucht zirka 2 Stunden.

Für Familien mit kleinen Wanderern und mit Kinderwägen eignet sich der Arnika-Jufen-Steig. Bequeme 1,5 Stunden spaziert man über den leicht begehbaren Weg. Am Ende erreicht man das Jufenkreuz, ein Gipfelkreuz auf 1802 Meter Seehöhe. Ein auch mit Kindern leicht zu erreichendes Gipfelerlebnis. Dieser Weg ist in der Arnikablüte von Juni bis August besonders reizvoll.

→ ***Lammersdorfer Hütte***
Tel. (0664) 1608123
www.lammersdorferhuette.at

Wer die Bergwelt hoch über dem Millstätter See näher entdecken möchte, kann sich auf dem **Millstätter Höhensteig** auf den Weg machen. Acht Etappen führen rund um den See. Eine führt auf rund 2000 Meter Höhe rund um den See. Es gibt auch Abzweigungen auf den Weltenberg Mirnock, der als ganz besonderer Kraftort gilt. Die letzten Meter auf den Mirnock (2100 Meter) verlaufen über die *Scala Paradisi* – 30 Stufen, die zum Gipfelkreuz führen.

Alexanderhütte

„Nockwellnäss am Berg" - wer hier sein Nachtlager aufschlägt, kann nach einem Tag voller Wandererlebnisse in der Holzofensauna schwitzen, unter der Freiluftdusche abkühlen oder im mit Gebirgswasser gefüllten Lärchentrog untertauchen. Kulinarisch verwöhnt der Slow-Food-Partnerbetrieb mit regionalen Schmankerln und Köstlichkeiten aus der eigenen Sennerei.

→ ***Sennerei Alexanderalm***
Ursula Glabischnig
Öttern 2
9872 Millstatt
Tel. (0664) 6454920
www.alexanderhuette.at
Öffnungszeiten: Mai (witterungsabhängig) bis 11. Oktober durchgehend. Danach Freitag, Samstag, Sonntag bis zum 1. November bei Schönwetter.
Sennereiführung von Juni bis September Montag und Mittwoch um 15 Uhr.

Granatium

Mitten in Radenthein gibt es große Granatvorkommen. Das Erlebniszentrum bringt Besuchern das Geheimnis des Granats näher. Prachtvoll und einzigartig ist das dem legendären Bernsteinzimmer nachempfundene Granatzimmer in der Ausstellung. Im ausgeleuchteten Granatstollen erlebt man das Gefühl unter Tage, bevor man am Schürfgelände selbst Hand anlegen darf. Die Edelsteine können mit Spezialwerkzeug aus dem Fels geschlagen, gewaschen, sortiert und geschliffen werden.

→ ***Granatium***
Klammweg 10
9545 Radenthein
Öffnungszeiten: Mai bis Oktober täglich von 10 bis 18 Uhr.

Granate zum Essen

Das Haubenlokal Metzgerwirt in Radenthein besteht bereits seit 1909. Wirt Emanuel Stadler ist bei der Auswahl seiner Produkte kompromisslos. Das 100-jährige Nebeneinander von Metzgerei und Wirtshaus lässt sich auch in der Speisekarte erkennen. Der Nock- und Granatschinken werden durch natürliche Reifungs- und Konservierungsmethoden veredelt. Als Nachspeise sollte man keinesfalls die Granatpralinen versäumen. Mit Edelbrand gefüllt, sind diese „Radentheiner Granaten" aber nur für Erwachsene.

→ ***Metzgerwirt***
Hauptstraße 22
9545 Radenthein
Tel. (04246) 2052
www.metzgerwirt.co.at

Windebensee

Im Nationalpark Nockberge gibt es gleich mehrere Kleingewässer, Tümpel und Seen. Wer die Nockalmstraße von Ebene Reichenau aus befährt, kommt relativ bald an einem der schönsten und flächenmäßig größten vorbei: am Windebensee. Der 0,43 Hektar große See ist mit 2 Metern Tiefe relativ flach. Schwimmen ist auf 1890 Meter Seehöhe trotzdem nicht empfehlenswert. Ein Rundgang aber umso mehr.

Audienz bei der Königin der Alpen. 34 Kilometer nur Natur, Landschaft und Berge am Straßenrand. Die Nockalmstraße führt zwischen ihren beiden Kassenstellen bei Ebene Reichenau und Innerkrems kurvig durch eine der sanftesten und schönsten Landschaften Kärntens. Die Nockberge erheben sich hügelig bis auf maximal 2400 Meter, die Straße schlängelt sich mit zahlreichen Kurven und 52 Kehren darüber – eine perfekte Strecke für Motorradfahrer. Doch egal mit welchem Gefährt man unterwegs ist, der Windebensee sollte einen Stopp wert sein. Das Wasser schmiegt sich in einer seichten Mulde unweit der Straße in die Landschaft. Ursprünglich war der See kleiner als heute. Durch eine Dammaufschüttung wurde er künstlich vergrößert und entlang seines Ufers ein Naturlehrpfad mit Schautafeln angelegt.

Im Süden des Sees gibt es zwei Inseln aus Schnabelseggen *(Carex Rostrata)*, und Wollgras *(Eriophoretum scheuchzeri)* sowie Braunseggen *(Caricetum nigrae)* wachsen im Uferbereich. Auf den Hängen sieht man Alpenrosen *(Rhododendron ferrugineum)*, Lärchen und Zirben ragen markant in den See.

Die Zirbe gilt als Königin der Alpen und wächst nur im Hochgebirge. Im Biosphärenpark Nockalm gibt es von diesem besonders langsam wachsenden Baum, der bis zu 1000 Jahre alt werden kann, Exemplare mit einem Stammdurchmesser von 2 Metern. Der Name leitet sich von Zirbel (mittelhochdeutsch für „sich drehen“) ab. Die extreme Widerstandsfähigkeit, die der Baum im oft rauen, hochalpinen Gelände zeigt, ist nicht nur Stoff vieler Legenden. Tatsächlich hat die Forschungsgesellschaft Joanneum Research nachgewiesen, dass sich das Zirbenholz etwa im Schlafbereich besonders positiv auf den Menschen auswirkt. Laut der Studie soll sich das menschliche Herz in einem Zirbenholzzimmer eine Stunde Arbeit pro Nacht ersparen.

Harzige Gesundheit. Auf jeden Fall duftet das Holz verführerisch und findet auch in Zirbenholzkissen und für Brotkästen gerne Verwendung, da die Werkstücke ihren typischen Geruch lange behalten. Grund dafür ist unter anderem das Pinosylvin. Dieser Stoff schützt den Baum vor Pilzen und Bakterien. Mild, warm, wie trockene Nadeln in der Herbstsonne beschreiben Parfumeure den Geruch und nennen ihn auch „Weihrauch der Alpen“. Tatsächlich wurden früher

Harze und Nadeln der Bäume als Alpenweihrauch gesammelt und in den Raunächten vom Thomasabend (21. Dezember) bis zum Heiligedreikönigstag (6. Jänner) als Schutz vor den bösen Wintergeistern in Haus, Hof und Stall verräuchert.

Der Schweizer Duftforscher Roman Kaiser ist von der Zirbe ebenfalls begeistert und sagte einmal: „Das Holz einer vor rund 300 Jahren gefällten Zirbe riecht mindestens so stark wie das Holz eines frisch gefällten Baumes." Das freie Ernten von Zirbennüssen ist aber weiterhin nur dem Tannenhäher vorbehalten. Der mittelgroße Vogel gilt als wichtigster Verbreiter der Zirbe. Er hackt die Nüsse aus den Zirbenzapfen und transportiert bis zu 70 Stück in seinem Kehlsack. Die packt er in Vorratsverstecke für den Winter. Ein einziger Vogel kann so Zehntausende Nüsse bevorraten. Allerdings findet er nicht immer alle wieder und so entstehen neue Zirbenbäume.

Mit speziellen Berechtigungen ist es erlaubt, die in Kärnten unter Naturschutz stehenden Bäume zu nützen und Zirbenzapfen zu ernten. In den Kärntner Nockbergen dürfen nur drei Stück pro Person und Tag gesammelt werden. Wird man mit mehr erwischt, setzt es empfindliche Strafen von über 1000 Euro. Die Zapfen sind besonders für den leuchtend roten Zirbenschnaps beliebt.

Oktoberstimmung auf der Nockalmstraße beim Windebensee

Wer auf einem Kärntner Bauernmarkt Zirbenzapfen findet, sollte auf jeden Fall zuschlagen und selbst versuchen, einen Schnaps anzusetzen. Dazu schneidet man drei saftfrische Zirbenzapfen in Scheiben und setzt sie mit Gewürznelken, einer Zimtstange und 70 Gramm Kandiszucker in Alkohol an. Zum Ansetzen eigenen sich Obstler, Wodka, Korn oder weißer Rum. 4 bis 6 Wochen sollte der Schnaps nun an einem hellen Ort reifen. Danach kosten. Achtung: Zirbenschnaps darf nur mit Alkohol gestreckt werden, falls er zu intensiv wurde. Wasser macht ihn milchig.

Den harzig-nussigen Geschmack kann man aber in Kärnten vielerorts probieren. In den meisten Hütten und Buschenschanken wird ein „Zirberner" ausgeschenkt, selbstverständlich immer nach dem jeweiligen und besten Geheimrezept. In der Volksmedizin gelten Zirbenprodukte als hilfreiche Erkältungsvorbeugung, die ätherischen Öle sollen bei Asthmaleiden helfen und schleimlösend bei Husten wirken. Gegen Rheuma und Gelenksbeschwerden soll eine Einreibung mit Zirbenschnaps helfen.

Mein Einkehrschwung führt mich in die nahe Glockenhütte, zu der ein bequemer Weg direkt vom Windebensee hinaufführt. Sie ist auf 2024 Meter Seehöhe das höchst gelegenste Alpengasthaus der Nockalmstraße.

Nockalmstraße

Die atemberaubend schöne Nockalmstraße lädt zu vielen Naturerlebnissen ein. Befahren werden kann sie mit dem Auto, aber auch hervorragend mit dem Motorrad. Es gibt viele Einkehrmöglichkeiten, kleine und große Wanderungen.

→ ***www.nockalmstrasse.at***

Sigis Natursaibling

Siegfried Gruber hat seine Hobbyfischzucht 2009 zum Beruf gemacht. An der Nockalmstraße in Ebene Reinenau züchtet er seine gebirgswasserfrischen Saiblinge. Auf 1300 Meter liegen die 13 Zuchtteiche und bilden damit Österreichs höchste Fischzucht. Das kühle Gebirgswasser der Nockberge ist das Geheimnis der Qualität. „Das Wasser hat selbst im Sommer höchstens 14 Grad. Bei dieser Temperatur brauchen die Fische länger zum Wachsen", erklärt Sigi. Von der Qualität kann man sich entweder im Hofladen oder im Restaurant überzeugen. Ehefrau und Köchin Birgit gibt auch gerne Tipps zur Verarbeitung des köstlichen Saiblings an Hobbyköche weiter.

→ ***Sigis Fischzucht***
Winkl 64
9565 Ebene Reichenau
Tel. (0664) 3965548
www.natursaibling.at
Öffnungszeiten:
Mai bis Oktober täglich von 10 bis 17 Uhr
November bis April Samstag von 9 bis 15 Uhr
Um telefonische Vorbestellung wird gebeten.

Afritzer See und Feldsee

Inmitten der sanften Hügelkulisse der Kärntner Nockberge liegt der 48,8 Hektar große Afritzer See. Das Klima ist mild, sodass sich der 22,5 Meter tiefe Bergsee im Sommer rasch auf bis zu 26 Grad erwärmt. Auf diese Badetemperaturen kommt im Hochsommer auch der Feldsee oder Brennsee, beide Namen sind gebräuchlich. Gemeint ist aber immer der 41 Hektar große Nachbarsee. Mit seiner Tiefe von 26,3 Metern erreicht er Wassertemperaturen von mehr als 23 Grad, das weiche Wasser macht ihn zu einem der kalkärmsten Seen Kärntens.

Der Riese und die beiden Seen. „Im Gegendtal gibt es vor allem eines: viel Gegend", pflegte meine Freundin Sabine, die aus Feld am See stammt, vor allem in der Jugend gerne zu sagen. Damals hatte sie den Brennsee vor der Tür, den idealen Ort für Kinder im Sommer. Als Jugendliche zog es sie dann mehr nach Villach und später in den Großstadttrubel nach Wien, wo mehr los war. Heute hat sie mit ihrer Familie die Gegend des Gegendtales aber zu schätzen gelernt.

Die Talfurche ist idyllisch zwischen Wöllanernock und Mirnock eingebettet. Wer mit dem Auto von Villach ins Gegendtal fährt, sollte Geduld haben und langsam fahren – ungeachtet der Einheimischen, die ein beachtliches Tempo auf dieser unübersichtlichen und kurvenreichen Strecke an den Tag legen. Die beiden Seen Brennsee und Afritzer See waren einst ein einziges großes Gewässer. Sie wurden durch einen Felssturz getrennt. Wie das – angeblich – vonstatten ging, erzählt die Sage vom Mirnockriesen.

Damals, als Fischerdörfer rund um den See lagen und der Mirnock noch seinen prächtigen Gipfel hatte, hauste ein Riese am Mirnock. In einer Höhle saß er und blickte auf die glücklichen Fischersleute hernieder. Doch der Riese war einsam. Eines Tages erblickte er eine schöne Fischerstochter. Blond, blauäugig reifte sie gerade zur jungen Frau heran. Jeden Abend lächelte der Unhold vom Berg herunter, strich über seinen wirren Bart und murmelte: „Die und keine andere muss ich haben!"

Als der Vater der Schönen einmal nach Villach ging, um seinen Fang zu verkaufen, nutzte der Riese die Gelegenheit. Er sprang vom Berg herunter, schnappte sich das Mädchen und entführte es in seine Höhle. Dort kettete er sie an, damit sie ihm nicht wieder auskam. Der Vater, bestürzt über den Verlust, machte sich nach der Heimkehr zur Rettung seines Kindes auf. Doch am Berg überkam ihn die Verzweiflung und er setzte sich auf einen Stein. Da kam ein kleines buckliges Weiblein vorbei, sah den traurigen Mann und fragte: „Was fehlt dir denn?" Der Fischer erzählte sein Leid: „Und nun weiß ich nicht, wie ich meine Tochter wiederbekommen soll. Mit Kraft vermag ich nicht, List will mir keine einfallen." „Ich will euch helfen", sagte das Weiblein. „Der Riese hat eine Schwäche, meinen Kräuterschnaps liebt er über alles. Ich gebe Euch eine Flasche mit." Der Riese saß vor seiner Höhle, als sich der Fischer näherte. Schon von

Die Kärntner Låxn ist eine Seeforelle mit silbrigem Körper und x-förmigen schwarzen Punkten. Sie wird nahe dem Brennsee gezüchtet.

Weitem hatte er den köstlichen Geruch des Schnapses gewittert. Als der Mann auftauchte, streckte der Riese seine Pranken nach ihm aus. Doch der Mann schwenkte die Flasche gegen den Riesen. Die schnappte er sich und schluckte den Trank aus der Flasche in einem Zug. Nach einem langen „Ahh!" schlief er ein. Sein Schnarchen grollte über das ganze Gegendtal. Der Fischer schlüpfte in die Höhle und befreite seine Tochter.

Als der Riese aufwachte, fand er nur noch die Ketten in der Höhle vor. Das Mädchen war verschwunden. Er grollte und schrie vor Wut. Er schlug gegen die Felsen, packte den Gipfel des Mirnocks und rüttelte an der Kuppe. Diese zersprang und die Trümmer stürzten ins Tal. Der Riese hoffte, sie würden das Fischerhäuschen unter sich begraben, doch die Felsen stürzten ins Wasser des großen Sees und teilten ihn in zwei kleine Seen. Der Riese warf mehr und mehr Felsen ins Tal. Erst als zwischen den Seen ein Damm entstanden war, hörte er auf und zog sich in die Einsamkeit der Nockberge zurück.

Naturerlebnisse direkt am Wasser. Meine Freundin weist mich auf eine weitere kleine Fehde im Gegendtal hin, die man mit einem Augenzwinkern sehen kann. Feld am See und Afritz am See wurden durch den Felssturz und die Straße besser verbunden. Dennoch weigern sich alteingesessene Bewohner von Feld am See, den Afritzer See als solchen zu bezeichnen. „Das heißt Untersee", werde ich korrigiert. Tatsächlich liegt der Afritzer See aber auf 750 Meter Seehöhe und der Brennsee auf „nur" 739.

Egal ob unten oder oben, bei einem Spaziergang rund um den Afritzer See kann man dem See so nahe kommen wie kaum einem seiner Kärntner Artgenossen. Es führt um ihn ein 3,5 Kilometer langer Promenadenweg, auf dem man das gesamte Ufer entlangspazieren kann, ohne auch nur einmal eine Straße benutzen zu müssen. Die wenigen privaten Seegründe sind liebevoll hergerichtet und man sieht sogar einen spektakulären „Steinbaum" vom Mirnock.

Der Brennsee oder Feldsee wird touristisch intensiver genützt. In Feld am See befinden sich einige Hotels und Restaurants sowie Wassersportschulen. Der See liegt in guter Windlage für Surfer. Trotz der 1976 errichteten Kanalisation war das Gewässer lange Zeit schwer belastet. 1985 kam es sogar zu einer starken Verunkrautung, Algen trübten das Wasser und Schaum bildete sich am Ufer. 1992 wurde eine Tiefenwasserbelüftung installiert, die man in der Mitte des Sees sehen kann. Hocheffiziente Wasserstrahl-Luft-Ejektoren saugen Luft an, während das Wasser aus Grundnähe über ein Steigrohr angesaugt wird. Das Tiefenwasser wird belüftet und von Gasen befreit. Über ein Fallrohr wird das Wasser wieder zurückbefördert. So kann das Wasser der tiefen Schichten aerob gehalten werden, was das Gleichgewicht des Sees unterstützt und die Wasserqualität eklatant verbessert. Diese Systeme werden auch in Talsperren zur Trinkwasserherstellung genutzt. Dem Feldsee wird heute eine besonders gute Badewasserqualität bestätigt.

Beide Seen haben einen großen Fischbestand und Angler sind hier oft zu sehen. Bemerkenswert sind die hiesigen Aalvorkommen. Der Aal wurde in den 1960ern in fast jedem Kärntner See eingesetzt

Romantik am Afritzer See

– außer im Aichwaldsee. Heimisch sind Aale in Österreich eigentlich im nördlichen Waldviertel und in Vorarlberg. In Kärnten findet man sie sonst nur mehr im Längsee und im Klopeiner See. Die damals eingesetzten Tiere könnten übrigens noch jene sein, die heute im Gegendtal schwimmen. Aale werden bis zu 80 Jahre alt.

Wer keine Fischerkarte lösen möchte, hat in Feld am See trotzdem die Möglichkeit, sein Essen selbst zu fangen: In der Fischzucht Feld am See gibt es einen Angelteich zum Selberfischen. Fischermeister Andreas Hofer besitzt hundert Zuchtteiche, in denen er im besten Quellwasser Hechte, Welse, Zander und die seit einiger Zeit wieder in Mode gekommenen Kärntna Låxn züchtet. „Ein Fisch braucht in etwa drei Jahre, bis er eine gute Portionsgröße hat", sagt Hofer, der nichts von Wachstumsturbos hält. „Je langsamer sich der Fisch entwickelt, umso besser und fester ist das Fleisch."

Der Afritzer See und der Brennsee sind beliebte Fischereigewässer.

Regionale Gastfreundschaft

Das Gegendtal ist ein idealer Ausgangspunkt für Wanderungen und Radtouren. In Feld am See gibt es trotz der Überschaubarkeit des Ortes einige bemerkenswerte Hotels. Für die regionale Küche ist das Landhotel Lindenhof bekannt. Seit 1885 bewirtet Familie Nindler Gäste, die Küche ist empfehlenswert. Familien mit Kindern lieben den Brennseehof, das „1. Kinder-Sport-Hotel Österreichs" mit eigenem Badestrand und einem umfangreichen Sportangebot. Etwas ruhiger geht es im reizenden Hotel Klamberghof zu. Das Frühstückshotel mit liebevoll gestaltetem Garten bietet für seine Gäste auch eine Traktorfahrt zur Almgaudi auf der Klamerhütte.

→ *Landhotel Lindenhof*
Dorfstraße 8
9544 Feld am See
Tel. (04246) 2274
www.landhotel-lindenhof.at

→ *Hotel Brennseehof & Alte Post*
Seestraße 19
9544 Feld am See
Tel. (04246) 2495
www.brennseehof.com

→ *Hotel Klamberghof*
Dorfstraße 32
9544 Feld am See
Tel. (04242) 55467
www.klamberghof.at

Schnupper-Petri

Die Fischzucht Feld am See ist auch ein beliebtes Familienausflugsziel. Sollte tatsächlich einmal beim Selberangeln kein Fisch anbeißen, können sich die Kinder am Spielplatz und die Erwachsenen in der schön gestalteten Anlage am Teich entspannen. Wer Fische fängt, muss sie selbst abschlagen. Ausgenommen werden sie von den Profis im Schlachtraum. Im Hofladen gibt es Fischspezialitäten zu kaufen.

→ *Kärnten Fisch*
Fischermeister Andreas Hofer
Millstätter Straße 77
9544 Feld am See
Tel. (04246) 2345
www.kaerntenfisch.at

Tiere hautnah

Wildtiere in unmittelbarer Nähe sind im Alpenwildpark Feld am See zu sehen. Es gibt auch einen großen Streichelzoo mit tiefenentspannten Hasen, Enten und anderen Tieren. Die angeschlossenen Ausstellungen zeigen mehr als 200 Präparate von Tieren aus aller Welt. Im Fischmuseum können heimische Arten betrachtet werden, teilweise gibt es Rekordexemplare.

→ *Alpen Wildpark Feld am See*
Bernliegerweg 4
9544 Schattseite
www.alpen-wildpark.com

→ *Öffnungszeiten:*
1. Mai bis 30. September täglich
von 9 bis 18 Uhr
Oktober täglich von 9 bis 17 Uhr

Leonharder See

Eingebettet in eine Schotterterrasse, die während des Gletscherrückzuges über dem ostalpinen Altkristallin abgelagert wurde, liegt der Leonharder See. Er ist 2,29 Hektar groß, 6,5 Meter tief und befindet sich auf 520 Meter Seehöhe bei Villach. Mit seinem Nachbarn, dem Vassacher See, ist er über dessen Abfluss verbunden. Mit 4,4 Hektar und einer maximalen Tiefe von 10 Metern ist er etwas größer als der Leonharder See. Er wird von Grundwasser gespeist und erreicht ähnlich wie der Leonharder See im Sommer an die 25 Grad Wassertemperatur.

Der Dampflock-Versorger. Der Kärntner Tourismus bekam mit der Eisenbahn seinen ersten großen Aufschwung. Doch so wie der Leonharder See ist kaum ein Gewässer in Österreich mit der Eisenbahn verbunden. Und das, obwohl die Gleise eine halbe Ewigkeit entfernt scheinen. „Es gibt eine kilometerlange Wasserleitung vom See zum heutigen Hauptbahnhof und eine weitere zur Bahnstation im Stadtteil Seebach“, erklären mir Siegfried Bozanovič, Verantwortlicher der Anlagentechnik der Wagenwaschanlage der Österreichischen Bundesbahnen in Villach, und Techniker Hannes Linder.

Gebaut wurde die Leitung mit gut 13 Zentimetern Durchmesser um 1900. Damals schon nutzte man das natürliche Gefälle vom See bis zum Bahnhof. „Das Wasser rinnt bis zu einem Hochbehälter, wo es gefiltert und der Schlamm abgesetzt wird“, so Bozanovič. Damals trafen sich gleich zwei Bahngesellschaften im bis heute als „Eisenbahnerstadt“ geltenden Villach. „Einerseits die k. k. privilegierte Südbahngesellschaft und die Staatsbahn mit öffentlichem Netz“, erklärt mir der ÖBB-Pressesprecher Christoph Posch. Die k. k. privilegierte Südbahngesellschaft war das größte privatwirtschaftliche Unternehmen der Monarchie und hatte bis zu 70 000 Angestellte. Am Südbahnhof, dem heutigen Villacher Hauptbahnhof, wurden die Dampflokomotiven der Bahn auf den Strecken nach Marburg, Triest und Franzensfeste in Südtirol mit dem Seewasser aus dem St. Leonharder See betankt.

Der Hochwasserbehälter mitten im Wohngebiet trägt nach wie vor den Schriftzug der Südbahn und wird heute von den ÖBB genutzt.

„Dafür gab es gleich mehrere Tankstationen zwischen Villach-Seebach bis zum heutigen Hauptbahnhof“, erklärt Posch. Die Wassermenge, die damals aus dem See abgezapft wurde, muss enorm gewesen sein, vermutet Bozanovič. „Die Leitung schafft einen Durchfluss von 50 bis 100 Kubikmetern die Stunde.“ Obwohl es mittlerweile keine Dampflokomotiven mehr gibt, ist die Wasserleitung für die ÖBB wichtig. Das im Hochbehälter, auf dem noch immer das Zeichen der k. k. privilegierten Südbahngesellschaft prangt, gesammelte Seewasser wird heute für die moderne Zugwaschanlage am Villacher Hauptbahnhof genutzt. „Das ist meines Wissens nach einzigartig. Überall sonst gibt es Grundwasserbrunnen, aus denen Wasser energieaufwendig

hochgepumpt werden muss. Unsere Anlage funktioniert hingegen total energieeffizient: mit Schwerkraft", erklärt mir Bozanovič. Für einen ganzen Wagenzug braucht man 2 bis 3 Kubikmeter Wasser. „Wir versuchen, sehr umweltschonend und wassersparend zu reinigen. Das Wasser wird nur zum Abspülen genutzt und danach recycelt."

Mit einem Schwimmer wird der Wasserfluss reguliert. „Nur im Sommer kann es vorkommen, dass der See zu wenig Wasser führt, dann müssen wir wertvolles Trinkwasser benutzen", so Bozanovič. Das versucht man aber, so gut es geht, zu vermeiden. Am Leonharder See selbst ist von der Nutzung des Wassers nichts zu merken. Die Leitung ist unterirdisch verlegt.

Die meisten Anlagenteile des Hochbehälters sind seit 1909 im Einsatz. Selbst die kleinen Gewichte unter den Ventilen stammen aus dieser Zeit.

Amur-Skandal und L'Amour-Hatscher. Im Jahr 2000 erschütterte ein regelrechter Skandal die Fischer und Umweltschützer am Leonharder See. Das Gewässer war dicht von Wasserpflanzen bewachsen, die so groß wurden, dass sie „beim Schwimmen am Bauch kitzelten". Ein Fischer glaubte, die Lösung zu kennen: Amurkarpfen. Schon 1965 wurde der Fisch aus seiner Heimat China nach Österreich eingeführt, damit der Vielfresser die Seen von zu üppigem Wasserpflanzenbewuchs befreit. Doch der Besatz mit dem Amurkarpfen ist eigentlich verboten, zumal er fast den kompletten Pflanzenbestand heimischer Seen auffuttert. Das nimmt anderen Fischen die Laichplätze und Versteckmöglichkeiten. Durch seine Ausscheidungen kann der Amurkarpfen Algen verursachen und das Gewässer sogar zum Kippen bringen. Was im Leonharder See auch beinahe passiert ist. Heute schwimmen noch einzelne Exemplare des Amurkarpfens im Gewässer.

Um „L'Amour" hingegen geht es am nördlichen Ufer. Hier findet man die legendäre „Moonlightbar". Seit mehr als 40 Jahren gilt: „Wenn ein Topf seinen Deckel einmal nicht gleich finden sollte, dann schafft er es in der Moonlightbar." In der Tanzbar von Hans Werba haben schon viele Romanzen mit einem L'Amour-Hatscher (etwas antiquierter Ausdruck für einen engen und langsamen Paartanz) begonnen. Der Kärntner Musiker Fuzzmann hat der Bar deshalb sogar einen Song gewidmet: Spiel mir das Lied von der Liebe. Das Video ist auf YouTube zu sehen, es entstand am Originalschauplatz. Selbst wer spät abends nicht mehr auf der Suche nach einer Liebelei ist, kann sich in der Moonlightbar im Foxtrott-Takt köstlich unterhalten. Irgendwie scheint hier die Zeit stehen geblieben zu sein. 1972 wurde die Bar eröffnet und ist seitdem Kult. Neben der bemerkenswerten Schlagersammlung, die Hansi Werba seit Jahrzehnten hegt und pflegt, findet man außerdem wohl nirgendwo sonst so viele Kärntner Originale. Das hat der „Munze", wie die Villacher das Lokal liebevoll nennen, bereits Fernsehbeiträge und eine TV-Dokumentation eingebracht.

Vom Badehäuschen zum Paradies. „Angefangen hat alles mit einem Badehäuschen", erzählt mir Johann Werba, der Vater von Hans. Im Haus sind mittlerweile drei Werba-Generationen aktiv. In den 1950ern hat Johann ein kleines verwildertes Seegrundstück geerbt.

„Hausmeister" Johann Werba mit den ersten Platten, die in der Moonlightbar gespielt wurden, in seinem „Garten Eden".

Gemeinsam mit seiner Frau Brunhilde kaufte er ein bisschen Grund dazu und betrieb einen Badeimbiss namens Seestüberl. „Ich habe damals aber hauptberuflich als Elektriker bei der Eisenbahn gearbeitet", erinnert sich Werba. Die Doppelbelastung durch den wachsenden Seebetrieb, in dem die Gäste oft bis in die Nacht feierten, auf der einen Seite und den regulären Job bei der Bahn auf der anderen Seite, ging an die Substanz. „Mein Arzt hat mir schließlich gesagt: Entweder du entscheidest dich für eine der zwei Sachen oder wir können dich in einem Jahr am Waldfriedhof besuchen." Werba entschied sich für das kleine Restaurant. Zum Glück.

Heute ist aus dem Seestüberl eine große Seestuben geworden, die tatsächlich so heißt. Tanzlokal, Restaurant, Hotel und den Wellnessbereich „Bella Vita" mit verschiedenen Saunen und Salzgrotte hat Johann Werba wortwörtlich mit eigenen Händen geschaffen. „Ich bin der Hausmeister", kehrt er sein Licht unter den Scheffel. Denn der Ruhegarten, den er mit Kneippweg und Kunstwerken liebevoll gestaltet hat, gehört definitiv zu meinen Lieblingsplätzen am See. Erreichbar ist dieser Garten nur über die Saunalandschaft des Bella Vita. Hier kann es durchaus passieren, dass man einem der Werba-Chefs begegnet, der – nur mit einem Handtuch um die Hüften – gerade den Boden aufwischt. Es geht eben familiär zu am Leonharder See.

Der Stockentenerpel lässt sich das Gras im Badegarten am Leonharder See schmecken.

Eine eingeschworene Gemeinschaft findet man auch am Nachbarsee. Der Vassacher See ist Heimat vieler Dauercamper. Nicht nur Touristen lieben diesen Campingplatz. Einige Villacher haben sich hier einen Wohnwagen gesichert und ziehen, sobald es Frühling wird, an den Strand. Angrenzend befindet sich ein kostenloser Badeplatz der Stadt Villach. Und am weitgehend unverbauten See lässt sich im Winter hervorragend eislaufen.

Seestuben, Bella Vita & Moonlightbar

Das Wellness-Hotel Seestuben wird in dritter Generation von der Familie Werba betrieben. Der Bella Vita Spa kann auch von Tagesgästen genutzt werden und ist ein Geheimtipp, selbst unter Villachern.

→ ***Wellneshotel Seestuben***
Treffner Straße 94
9500 Villach
Tel. (04242) 27759
www.seestuben.at

Das Restaurant im Hotel Seestuben genießt einen hervorragenden Ruf. Die Terrasse liegt direkt am See. Die Geschwister Johannes und Tanja Bär haben das Restaurant gepachtet und servieren Gerichte mit mediterranem Einfluss.

→ ***Tischreservierungen unter***
Tel. (04242) 27759
www.restaurant-seestuben.at

Seit mehr als 40 Jahren Kult! Die dem Hotel angeschlossene Moonlightbar lockt Nachtschwärmer. An 364 Tagen im Jahr ist sie ab 21 Uhr geöffnet. Voll wird es ab Mitternacht, dann wird bis in die Morgenstunden gefeiert.

→ ***www.moonlightbar.at***

Turracher See, Grünsee und Schwarzsee

Die Turracher Höhe ist ein Passübergang zwischen Kärnten und der Steiermark in den Gurktaler Alpen. Umrahmt von den Nockbergen liegt auf einem Hochplateau der Turracher See. Der 1,94 Hektar große See mit bis zu 33 Metern Tiefe vereist im Winter. Er ist der einzige Kärntner See, der nicht in die Drau entwässert. Der Abfluss im Norden mündet als Vorderer Seebach in die Turrach, die der Mur zufließt. Auf der Turracher Höhe lassen sich mit dem 3-Seen-Weg auch der naturbelassene Grünsee und der geheimnisvoll dunkle Schwarzsee erwandern.

Weltkopien und Kopien der Welt. Ausgerechnet die Turracher Höhe, die zur Hälfte schon in der Steiermark liegt, hat alles, was sich der Kärntner Tourismus erträumt, auf einem Fleck vereint: Bergerlebnis, Seeerlebnis, Wellness und für den Nervenkitzel sorgt der Nocky Flitzer, eine spektakuläre Alpen-Achterbahn mit 1,6 Kilometer Länge. Auf einem Wanderweg kann man gleich drei Seen erleben. Und im Winter kümmert sich der „Pistenbutler" um die Bedürfnisse und Wünsche der Skifahrer auf den Pisten. Eigentlich wundert es, dass noch kein Erlebnispark oder findige Chinesen die Turracher Höhe „kopiert" haben, wie das schon mit so manchen anderen österreichischen Dörfern passiert ist.
Der Turracher See ist der größte der drei Seen, die das Hochplateau zu bieten hat und die man als ungleiche Geschwister bezeichnen könnte. Jeder für sich ist ein ganz eigenes Erlebnis. Startpunkt der meisten Wanderungen und Erlebnisse ist der Parkplatz am Turracher See (1763 Meter). So auch für den 3-Seen-Rundweg, auf dem man an Grünsee und Schwarzsee vorbeikommt.

See-Bad mit 30 Grad. Der Turracher See erreicht selbst im Sommer nicht mehr als 18 Grad. Trotzdem tummeln sich sogar im Winter Badegäste im Wasser. Das ist einem findigen Hotelier zu verdanken. Peter Leeb, einstiger Seniorchef des Hotels Hochschober am Ufer des Turracher Sees, tüftelte lange an einer Lösung, wie er den Bergsee vor seiner Nase nutzen könnte. 1995 eröffnete er das erste beheizte „See-Bad" in den Alpen, wo in einem 25 mal 10 Meter großen Becken, das sich im See befindet, das Wasser auf 30 Grad erwärmt wird. Leeb bemühte für seine patentierte Lösung die Physik.

Das beheizte Seebecken des Hotels Hochschober auf der Turracher Höhe

Und so funktioniert es: Wasser ist bei 4 Grad am schwersten. Warmes Wasser schwimmt immer oben. Schwimmende Edelstahl-Pontons grenzen das Becken zu den Seiten hin ab, die Wände reichen zirka 3 Meter in die Tiefe. So bleibt das warme Wasser im Becken. Nach unten hin ist das See-Bad aber offen. So findet trotzdem ein Austausch mit Frischwasser statt und man kann auf eine chemische Wasserbehandlung, die in Schwimmbecken notwendig ist, verzichten.

Im Sommer wird ein Drittel der Energie durch eine Wärmepumpe ergänzt, im Winter heizt man mit zwei Dritteln Hackschnitzel zu. Ideen hat man im Hotel Hochschober genug: Man kann hier sozusagen eine Erholungsreise um die Welt machen. Ob mit Yoga am Berg, im original türkischen Hamam oder beim indischen Ayurveda. In dem originalen Nachbau eines Chinaturms werden chinesische Teezeremonien abgehalten. Die heutigen Hotelbetreiber Karin Leeb und Martin Klein verliebten sich bei Chinareisen in die Architektur und ließen den Turm 2005 von einem chinesischen Architekten auf der Turracher Höhe aufstellen. Heute ragt er als markantes Wahrzeichen am Ufer des Turracher Sees in die Bergluft.

Naturidylle und Steinkohle. Auf dem 3-Seen-Weg wandern wir zum Grünsee. Er liegt etwa einen Kilometer weiter südöstlich der Turracher Höhe. Hier bietet sich ein ganz anderes Bild. Still schmiegt er sich in die naturbelassene Umgebung. Bei einer Fläche von einem halben Hektar ist er immerhin bis zu 12 Meter tief. Die Berghänge mit Lärchen und Zirben spiegeln sich in der Wasseroberfläche. An seinem Ufer scheint man fernab vom Trubel des Tourismus.
Dem Wanderweg folgend geht es weiter zum Schwarzsee. Umgeben von einem dunklen Hochmoor prangt er schwarz in der Landschaft. Er liegt schon in der Steiermark. Seine Färbung verdankt er nicht nur dem Moor, sondern auch dem großen Anthrazitkohle-Vorkommen auf der Turrach. Die Steinkohleart war lange Zeit die Grundlage der Eisenverhüttung in dieser Gegend. Vor rund 300 Millionen Jahren wuchsen hier Urfarne, Siegel- und Schuppenbäume. Sie zersetzten sich in Jahrmillionen in Weichkohle, dann in Hartbraunkohle, Steinkohle und Anthrazitkohle. Allerdings wurde der Anthrazitabbau in den 1950er-Jahren wegen Unwirtschaftlichkeit eingestellt.
Über Stege geht es zurück über das Hochmoor an den belebten Turracher See. Und irgendwie werde ich den Gedanken nicht los, dass hier irgendwie immer noch Kohle gescheffelt wird …

Die 3-Seen-Runde führt von der Kärntner Seite der Turrach zum Schwarzsee, der bereits in der Steiermark liegt.

Turracher 3-Seen-Weg

Ab der Straße beim Ortseingang Turracher Höhe gibt es genügend Parkplätze. Der Wanderweg ist gut beschildert und führt erst um den Turracher See (30 Minuten). Etwas weiter zum Grünsee und wieder retour sollte man 45 Minuten einplanen. Für die große Runde bis zum Schwarzsee folgt man am Grünsee den roten Markierungen mit dem weißen T oder den Schildern „Turracher 3-Seen-Weg". Vorbei an der Katscherhütte, entlang am Fuß des Schoberriegels erreicht man den Schwarzsee. Zurück durch das Hochmoor sollte man sich insgesamt 2 Stunden Zeit einplanen.

Einen Adrenalinschub verspricht der Nocky Flitzer. Kurvig geht es mit selbst regulierbarer Geschwindigkeit die 1,6 Kilometer bergab. Kinder ab 3 Jahren dürfen mitfahren, ab 8 Jahren und einer Körpergröße von 1,25 Metern auch selbst fahren.

Der **Pistenbutler** steht im Skigebiet Turrach den Gästen mit Rat und Tat zur Seite. Ob es ein Taschentuch, eine Wegbeschreibung oder ein Traubenzucker zur Stärkung ist. Man kann sich auch einen Butler mieten, der für Gruppen oder Feiern einen ganz exklusiven Wintertag organisiert.

→ ***Turracher Höhe***
Tel. (04275) 8392
www.turracherhoehe.at

Hotel Hochschober

Wortreich, Seesauna oder Teezeremonie: Im Hotel Hochschober ist man kreativ und bringt alles, was weltweit Erholung und Entspannung verspricht, auf den Berg. Aber Achtung: Die Welt darf nicht überallhin mit! In den öffentlichen Bereichen des Hotels herrscht ein strenges Handyverbot.

→ ***Hotel Hochschober***
9565 Turracher Höhe 5
Tel. (04275) 8213
www.hochschober.com

Michaelerteich

Den einstigen Silberbergwerken rund um die Burgruine Landskron ist eines der schönsten Erholungsgebiete in den Ossiacher Tauern zu verdanken. Einst wurde der Michaelerteich rein funktionell als Sammelbecken für die Entwässerung der Bergwerksstollen angelegt. Heute erstreckt sich der 1,4 Hektar große Teich mit einer maximalen Tiefe von 5 Metern im Wald südlich der Burgruine Landskron. Im Sommer wird hier vor allem gefischt. Im Winter friert der Teich schnell zu und bildet eine tragende Eisdecke.

Gib dem Affen Wasser. Ein Rundgang am Affenberg unterhalb der Burgruine Landskron wird nie langweilig. Schon bevor meine Tochter zur Welt kam, liebte ich die Japanmakaken. 1996, gleich nach dem Start des Zooprojektes, brachen alle damals aus Japan eingeflogenen 39 Affen aus dem Gehege aus. Der Medienrummel lockte Journalisten aus aller Welt nach Kärnten. Die plötzlich frei laufenden Tiere waren ein beliebtes Fotomotiv. Man lockte sie mit Futter an – meist typisch österreichisch mit Manner-Schnitten. Schlussendlich gelang es, 38 Affen wieder einzufangen, einer wurde auf der Autobahn überfahren. „Seitdem sind wir wirklich ausbruchsicher", sagt Svenja Gaubatz bei einer Führung. Es wird streng kontrolliert. Die Affen haben sich sogar schon in Kinderwägen versteckt, um auf diesen Weg „herausgeschmuggelt" zu werden. Dabei fühlen sie sich auf dem 40 000 Quadratmeter großen Areal ziemlich wohl und haben auch einen eigenen Badeteich, in dem sie gerne plantschen. Mittlerweile leben am Affenberg 152 Japanmakaken. Biologin Lena Sophie Pflüger ist wissenschaftliche Leiterin und koordiniert die Verhaltensforschungen der Universitäten Wien und Graz. Besucher wie Forscher können so die Affen in einem natürlichen Lebensraum erleben. „Der Weg gehört uns, der Rest des Areals den Affen", warnt Gaubatz die Besuchergruppe.

Tatsächlich könnte, wer die Rangordnung nicht kennt, einen Affen beleidigen. Etikette wird eben auch hier groß geschrieben. Unter großem Staunen der Besucher lösen die Makaken während der Führungen kleine Aufgaben, um an Leckereien zu kommen. „Die Affen machen das freiwillig, sie sind nicht dressiert. Aber natürlich wissen sie, dass sie, wenn die Besucher da sind, Bananen, Nüsse oder andere Schmankerln bekommen", sagt Gaubatz. Ein „Profi" hat sich bereits bei einem kleinen Holzlabyrinth platziert und löst die Aufgabe bravourös. Eine junge Äffin rätselt derweilen noch an einer Box. Etwas weiter springt gerade einer der Affen im hohen Bogen in den Teich. Ein verzücktes

Ein Tag am Strand, das gibt es auch für Japanmakaken unterhalb der Burgruine Landskron.

Delfine an der Kirchenmauer. Über den Rundweg geht es weiter hinunter in die Siedlung Gratschach. Dort stoppen wir noch einmal kurz bei der ältesten Filialkirche im Raum Villach. Das Kirchlein in Gratschach ist den heiligen Philipp und Jakob geweiht und wurde als Tochterkirche der Urpfarre St. Ruprecht am Moos 1195 erstmals urkundlich erwähnt. Sie gehörte zum einstigen Benediktinerkloster von Ossiach. In die romanisch gebaute Kirche wurden zahlreiche Römersteine und römerzeitliche Steinfiguren eingebaut. Wer genau schaut, kann sogar ein Relief mit Delfinen entdecken. Vorbei am Gut Landskron, das heute in einem kleinen Hofladen Produkte von Freilandhühnern anbietet, die in bunten, weithin sichtbaren Häuschen „wohnen", geht es zurück in Richtung Burgruine. Ein letzter Aufstieg über die Straße, dann sind wir wieder am Ausgangspunkt. Das zweite tierische Erlebnis hier, die großartige Show der Adlerwarte, die in ihrer Arena nicht nur Greifvögel, sondern auch einen atemberaubenden Ausblick bietet, sparen wir uns für das nächste Mal auf.

Das römische Relief mit Delfinen an der Kirchenmauer

Rundwanderweg Burgruine – Michaelerteich

Vom Parkplatz der Burgruine geht es erst westlich in Richtung Jungfernsprung. Den Weg kann man in Richtung Süden zum Michaelerteich abkürzen. Die Wanderwege sind gut beschildert. Über Wald- und Forstwege geht es nach Gratschach und dann wieder zur Burgruine. Man sollte für diese leichte Tour zirka 3 Stunden einplanen. Es gibt auch geführte Wanderungen.

Villach-Warmbad, Faaker See, Ossiacher See Tourismus GmbH

→ ***Trobinger Straße 1***
9523 Villach-Landskron
Tel. (04242) 42000
www.region-villach.at

„Max more Most!"

Das altehrwürdige Gasthaus Schöffmann ist ein echter Geheimtipp unterhalb der Ruine Landskron. Es gibt Kärntner Schmankerl, köstlichen Most und den für Uneingeweihte etwas rauen Kärntner Charme von Wirt Max. Unter der harten Schale steckt aber, wie so oft, ein weicher Kern. Der Wirt sammelt Eichen. Die Bäume! Seine Familie betrieb in den 1950ern das kleine Ortskino in Landskron. Seinen trockenen Humor bekommt man nicht nur bei der Bestellung zu spüren, sondern auch zu lesen: Die Bierdeckel am Tisch liefern Bestellvorschläge wie „Max more Most!"

→ *Gasthof Maximilian Schöffmann*
St. Andräer Straße 4
9520 Treffen am Ossiacher See
Tel. (04242) 41619

Tierische Erlebnisse

Der Affenberg und die Greifvogelwarte Landskron präsentieren Tiere in ihrem natürlichen Umfeld. Weder die Japanmakaken noch die Greifvögel der Adlerwarte sind dressiert. Das sorgt für Überraschungen: So unternehmen die Adler hin und wieder längere Ausflüge in die Umgebung. Die Geier segeln mit der Thermik während der Show gerne ins Tal. Der Rückflug auf die Burgruine ist den Tieren aber manchmal zu anstrengend, weshalb sie dann entlang der Burgstraße wieder hinaufgehen und für ein Verkehrschaos sorgen.

Abenteuer Affenberg

→ *Schlossbergweg 18*
9523 Landskron
Tel. (04242) 430375 (Sommer)
Tel. (04242) 20553 (Winter)
www.affenberg.com
Öffnungszeiten: von Ende März bis Anfang November, täglich von 9.30 bis 18 Uhr. Führungen gibt es regelmäßig. Privatführungen mit Füttern der Affen gibt es auf Voranmeldung für maximal 6 Personen.

Adlerarena Landskron

→ *Schloßbergweg 30*
9523 Landskron
Tel. (04242) 42888
www.adlerarena.com
Öffnungszeiten: Von April bis 26. Oktober
April, Mai, Juni und September: Montag bis Samstag 10.30 bis 16 Uhr, Flugschau um 11 Uhr und 14.30 Uhr. Sonn- und Feiertag von 10.30 bis 17.30, Flugschau um 11, 14.30 und 16.30 Uhr.
Juli, August: Täglich von 10.30 bis 18.30 Uhr, Flugschau um 11, 14.30 und 17.30 Uhr.
Oktober: Montag bis Sonntag 10.30 bis 16 Uhr, Flugschau um 11 und 14.30 Uhr.
Neu ist das Falkner-Erlebnis. Von 8.30 bis 13 Uhr kann man gegen Voranmeldung samstags in die Rolle der Greifvogelexperten schlüpfen. Der Workshop beinhaltet neben einer exklusiven Führung und Hintergrundwissen auch das Tragen der Greifvögel und die aktive Teilnahme bei der Flugschau.

Magdalenensee und Ziegeleiteiche

Am südöstlichen Standrand von Villach liegen der Magdalenensee und die sogenannten Ziegeleiteiche. Damit werden im Sprachgebrauch der Grünsee, der Fleetsee, der Ziegelteich und der Silberne See (nicht zu verwechseln mit dem nahen, künstlich angelegten Silbersee) zusammengefasst. Sie entstanden während der letzten Eiszeit vor 12 000 bis 13 000 Jahren.

Gletschergruß. Als der Draugletscher zurückging, ließ er riesige Toteiskörper zurück. Die mit Schotter bedeckten Gletscherreste schmolzen und es entstanden flache Vertiefungen, die sich mit Wasser füllten. Die Ziegeleiteiche werden ebenso wie der Magdalenensee vom Grundwasser gespeist und haben keinen Zulauf. Der Magdalenensee hat eine Tiefe von rund 5 Metern, der Grünsee ist 6,7 Meter tief. Der Fleetsee misst lediglich 2 Meter Tiefe, sein Grund besteht aus einer geflockten Schlammschicht. Rund um den Grünsee wurde 1964 ein 55 Hektar großes Naturschutzgebiet eingerichtet, dieses befindet sich heute in Privatbesitz.

Diese Wasserskulptur ließ ein junger Künstler über einen der Ziegeleiteiche schippern.

Es grünt so grün in St. Magdalen. Zur Kärntner Brettljause gehören Speck, harte Würstel, Käse, Aufstriche – alles selbst gemacht. Irgendwie isst man von der deftigen Brotzeit, wie der hochdeutsche Fachbegriff lautet, den aber in Kärnten garantiert niemand versteht, immer zu viel. Das ist auch der Grund, warum in Hausers Mostschenke die Gastgeber Horst und Irene Pacher gerne ein Schnapserl dazuservieren.
Wer das konsumiert, befolgt danach gerne den ersten Teil des alten Sprichwortes „Nach dem Essen sollst du ruh'n oder tausend Schritte tun." Kein Problem. Beiden Ratschlägen kann man gleich um die Ecke hervorragend nachgehen. Denn kurz unter der Eisenbahnbrücke durch und gleich links (Achtung, das wird leicht übersehen) kommt man zum öffentlichen Strandbad des Magdalenensees.
Der dunkelgrüne See gilt vor allem bei Villachern als absoluter Geheimtipp. Knapp 3 Kilometer vom Stadtzentrum entfernt, kann man hier abseits der großen Badeseen einen Tag verbringen. Das Bad gehört der Gemeinde und ist kostenlos zu benutzen. Einem Nickerchen am Strand steht also nichts im Weg.
Die tausend Schritte lassen sich ganz idyllisch und vor allem relativ eben erledigen. Beispielsweise entlang der kleinen Seepromenade. Die Grundstücke hier waren lange Zeit relativ leicht erhältlich und im Vergleich zu anderen Seen vor allem halbwegs erschwinglich. Das hing auch damit zusammen, dass im Ortsteil St. Magdalen die Eisenbahn durch die Siedlung rattert und bis 1989 in unmittelbarer Nähe ein Zellstoffwerk in Betrieb war.

Die „Privat"-Schilder und Gärten trüben einerseits den freien Blick auf das Wasser und schränken die Parkmöglichkeiten ein. Andererseits sind viele der Häuser geradezu liebevoll gepflegt und ebenso schmuck anzusehen wie der See selbst.

So richtig in die Natur geht es weiter in Richtung Norden. Mitten im Wald liegt der Grünsee, der seinem Namen alle Ehre macht. Er ist einer der wenigen völlig unberührten und naturbelassenen Seen in Kärnten, und das in unmittelbarer Stadtnähe. Mitten im Naturschutzgebiet liegt der rund 1,6 Hektar große Weiher sanft eingebettet in seinen schroff abfallenden, aber umso ursprünglicheren Uferbereich. Ich treffe auf einem der Waldwege rund um den Grünsee auf Andreas Sames, der hier aufgewachsen ist. „Früher sind wir hier getaucht – mit einem Gartenschlauch als Schnorchel", erzählt er mir. Die Jugendlichen hatten eine ganze Experimentalreihe durchgeführt, um den Schlauch mit perfekter Stabilität zu finden.

Das benachbarte Moorgebiet Turner Moos ist ein bereits verlandetes Toteisloch. Hier gibt es vor allem typische Moorpflanzenarten, wie die Schnabelsegge, zu sehen. Nur wer sich tiefer in das Moor traut, findet auch Rosmarinheide, Moosbeere oder Scheidiges Wollgras.

Über Waldwege geht es weiter zum Fleetsee. Auch der Silberne See und der Ziegelteich sind auf der kleinen Wanderung noch drin. Dort trifft man immer wieder auf Karpfenfischer, die von Rekordfängen berichten. Zurück geht es entlang der Straße durch die Vorstadtsiedlungen.

Herbstidylle im Landschaftsschutzgebiet am Grünsee

Hausers Mostschenke

→ ***Dr.-Schärf-Straße 1a***
9524 Villach-St. Magdalen
Tel. (04242) 44040
Öffnungszeiten: 1. Mai bis 5. September, Dienstag bis Sonntag von 16 bis 22 Uhr, Montag Ruhetag

Der Dealer

Im Villacher Stadtteil Zauchen, der mit dem Auto vom Magdalenensee in wenigen Minuten erreichbar ist, befindet sich der Gasthof Koglers Vorspann. Auf seiner traditionellen Küche serviert Dietmar Kogler auch eine „Droge", wie er sie in der Speisekarte nennt. Das Beiried oder der Lungenbraten wird in Kräutern verpackt in der Pfanne serviert. Die Frage „blutig oder medium" stellt sich nicht, denn der Gast darf selbst braten. Natürlich inklusive Tipps vom Wirt. Auch der Rest der Speisekarte ist sehens- und vor allem kostenswert. Seine Gattin Anong Kogler stammt aus Thailand und kocht auf Vorbestellung authentisches thailändisches Essen.

→ ***Gasthaus Koglers Vorspann***
Ferdinand-Wedenig-Straße 48
9500 Villach
Tel. (04252) 2062
Öffnungszeiten: Dienstag bis Sonntag 12 bis 15 und 18 bis 21 Uhr
www.facebook.com/KoglersVorspann

Oldtimersammlung zum Staunen

Rudolf Pirker hat sein Hobby zu einem ganzen Museum ausgebaut. In Zauchen stellt er Oldtimer, historische Radios und mehr in einem liebevoll geführten privaten Museum aus. 240 Exponate sind in der Ausstellung zu sehen.

→ ***Villacher Fahrzeugmuseum***
Ferdinand-Wedenig-Straße 9
9500 Villach
Öffnungszeiten: Täglich von 10 bis 12 und 14 bis 16 Uhr
Tel. (04242) 25530
www.oldtimermuseum.at

Faaker See und Aichwaldsee

Der Mittagskogel prangt über den beiden Seen. Der Faaker See hat eine Fläche von 2,2 Quadratkilometern, die in hellem Türkis leuchtet. Der südlichste Badesee Österreichs gilt mit 292 Sonnentagen im Jahr als der sonnigste Badesee des Landes. Nahe der Ortschaft Ledenitzen liegt der 3,3 Hektar kleine Aichwaldsee versteckt im Landschaftsschutzgebiet. Das kleine öffentliche Strandbad gehört zu den Insidertipps. Im Winter bekommt er wenig Sonne ab, deshalb zählt er zu den eissichersten Seen rund um Villach.

Ab ins Schilf! Der Mittagskogel, der sich auf der Wasserfläche spiegelt, das Surren der Libellen im Schilf, das sanfte Platschen des Ruders und der Plastikgeruch des knallgelben Kanus „Forelle II" meines Großvaters: das ist „mein" Faaker See. Am schönsten waren und sind noch immer die Paddelausflüge entlang des Seebachs, der den „großen" See mit dem Dorfteich in Faak verbindet. Das Naturerlebnis hat von seiner Faszination auch beim tausendsten Mal nichts verloren. Wichtig ist nur das richtige Boot. Ein (aufblasbares) Kanu oder ein Surfbrett sind perfekt, breite Schlauchboote, Motorboote und Holzruderboote zu groß und verheddern sich gerne in den Wasserpflanzen.

Der beste Startpunkt für den Ausflug ist der Dorfteich in Faak, der an den Campingplatz Poglitsch grenzt. Der kleine Badestrand kann gratis benutzt werden, weshalb man hier in der Hochsaison Glück bei der Parkplatzsuche braucht. Für die Bootstour eignet sich aber auch das Frühjahr oder ein schöner Herbsttag. Das stufig gemauerte Ufer lässt mich sogar trockenen Fußes ins Kanu einsteigen. Stromaufwärts geht es dann in den engen Kanal direkt in den Schilfgürtel hinein. Das Manövrieren erfordert etwas Geschick. Man kommt nur langsam voran, und das ist gut so. Auf dem knappen Kilometer durch das Schilf ist es ruhig. Wasservögel nisten hier, Fische stehen im Wasser und Libellen in Tausend Farben faszinieren nicht nur Kinder.

Wie die Libellen (lat. *Odonata*) zu ihrem Namen kamen, war lange Zeit nicht geklärt. Ich persönlich schwärme ja für die englische Bezeichnung: *Dragonfly* (Drachenfliege). Dieser Name beschreibt die mystische Erscheinung der Libellen besonders gut. In Grün, Rot, Blau, Schwarz schimmern die geschickten und schnellen Flugkünstler nahe der Gewässer, da ihre Larven im Wasser aufwachsen. Der deutsche Name wurde vom schwedischen Naturforscher Carl von Linné eingeführt, der die Insektengruppe *Libellula* (lat. für Hammerhai) genannt hat. Schuld daran ist der französische Naturforscher Guillaume Rondelet, der im 16. Jahrhundert in einem seiner Werke den Körperbau der Libellen mit jenem der Hammerhaie verglich.

Libellen sind ständige Begleiter bei einer Paddeltour durch das Faaker-See-Schilf.

Weg vom Trubel. Wer dem Badewirbel ausweichen möchte, fährt zum Aichwaldsee. Der kleine See im Gemeindegebiet Finkenstein ist nur wenige Autominuten entfernt, dafür umso naturbelassener und ruhiger. Im Winter friert er regelmäßig zu. Beim traditionellen „Christbaumversenken" der Wasserrettung am 23. Dezember wird er besonders bezaubernd geschmückt. Eisfiguren, die von Kerzen beleuchtet werden, umrahmen dieses kleine Fest.

Der kleine Aichwaldsee friert nahezu jeden Winter zu und kann dann mit Schlittschuhen erkundet werden.

Österreichs echtes Inselhotel

Das Bootstaxi bringt Gäste und Besucher zu jeder Tages- und Nachtzeit von der Anlegestelle am Ende des Inselweges in Faak zu Österreichs einzigem „echten" Insel-Hotel. Ein besonderer Geheimtipp ist der Inseltag: eine Art Kurzurlaub ohne Übernachtung, bei dem man vor dem denkmalgeschützten Badehaus aus dem Jahr 1929 mit Blick auf den Mittagskogel die Seele baumeln lassen kann.

→ ***Das Inselhotel im Faaker See***
Inselweg 10
9583 Faak am See
Tel. (04254) 2145
www.inselhotel.at
Öffnungszeiten: Von Mitte Mai bis Mitte September täglich

Nightlife am See

Stylisch lässt man Sommerabende in der winzig kleinen Strandbar in Egg am See mit einem Aperol-Spritz ausklingen. Etwas oberhalb des Ufers lädt das Hotel und Restaurant Villa Dèsirèe zur genussvollen Auszeit. Die Villa ist liebevoll mit allerlei Schnickschnack und Kitsch eingerichtet. Serviert werden internationale Kreationen und heimische Genüsse in einem unvergleichlichen, aber sehenswerten Ambiente. Beides, Strandbar und Villa Dèsirèe, sind aber nur für Erwachsene geeignet, Kinder nicht gerne gesehen. Parkplätze sind knapp bemessen und man lässt den Wagen am besten schon im Bereich der Ortseinfahrt stehen.

→ ***Die Strandbar***
Egger Seeuferstraße 50
9580 Egg am Faakersee
Tel. (0664) 6416009
www.amfaakersee.at

→ ***Hotel Villa Dèsirèe***
Egger Seeuferstraße 47
9580 Egg am Faakersee
Tel. (0664) 3427799
www.villa-desiree.at
Ganzjährig geöffnet.

Kinder und Schlagerstars

Einen riesigen Spielplatz hat der Campingplatz Arneitz zu bieten. Benützen können diesen auch Tagesgäste. Während der Sommersaison geben hier Stars und Sternchen der Schlagermusik Konzerte bei freiem Eintritt.

→ ***Arneitz Village***
Seeuferlandesstraße 53
9583 Faak am See
Tel. (04254) 2137
www.camping-arneitz.at

Kletter-Abenteuer

Klettermaxe sind im Waldseilpark Taborhöhe richtig. Die Taborhöhe ist auch einer der schönsten Aussichtspunkte auf den See.

Ein Stückchen weiter in Richtung Finkenstein findet sich der Klettergarten Kanzianiberg. Der größte Klettergarten Kärntens bietet mehr als 300 vielseitige Routen für alle Könnerstufen.

→ ***Hochhinauf Waldseilpark Taborhöhe***
Taborstraße
9581 Ledenitzen
www.hochhinauf.at

Kanzianiberg

→ ***www.kanzianiberg.com***

Fotopoint und Aussicht

Das **Egger-Marterl** am Faaker See ist wohl einer der meist fotografierten Punkte in Kärnten. Man findet es am Weg von Drobollach nach Egg auf einem kleinen Hügel auf der rechten Seite. Dieses Fotomotiv ist am Faaker See obligatorisch.

Die schönste Aussicht auf den Faaker See bietet die **Burgruine Finkenstein**. Sie liegt auf einem steil abfallenden Felskegel in 840 Metern Höhe. Die ältesten Mauerteile sind romanisch, doch wurde sie im 15. Jahrhundert spätgotisch umgebaut. Der dritte Torbogen sowie einige Mauern und Fenster sind noch gut erhalten. Die Anlage beherbergte einst den prächtigsten spätgotischen Saal Österreichs, heißt es. Das Geschlecht der Finkensteiner starb um 1340 aus. Die Burg wechselte immer wieder die Besitzer, wenngleich sie immer große Bedeutung hatte. Kaiser Friedrich III. ließ 1469, als die Türken Ostösterreich bedrohten, seine Frau Eleonore von Portugal und seine Kinder Maximilian und Kunigunde hier her in Sicherheit bringen. In seinen berühmten Reisetagebüchern beschrieb Paolo Santonino 1486 die exquisite Ausstattung, die Gastfreundschaft und die reichhaltigen Speisen auf der Burg. Heute gehört die Burg der Familie Satran, die den großen Zwinger zu einer Freiluftarena umgestaltet hat. Das Burgrestaurant ist zwar bis auf Weiteres geschlossen. Dennoch gelten Konzerte aller Art in dieser Arena als absoluter Geheimtipp. Im Sommer sieht man im atemberaubenden Ambiente nicht nur den Künstler, sondern auch den Sonnenuntergang als Kulisse. Wetterfest sind die Konzerte jedoch nur im weniger reizvollen Veranstaltungszelt.

→ ***Burgarena Finkenstein***
Altfinkenstein 14
9582 Latschach
www.burgarena.at

Ossiacher See

Der drittgrößte See in Kärnten ist der Ossiacher See mit 10,79 Quadratkilometern. Der Name Ossiach leitet sich vom slawischen *osoje,* das bedeutet Schattseite, ab. Tatsächlich liegt der See eingebettet zwischen den Steilhängen der Gerlitzen und den Ossiacher Tauern. Das 11 Kilometer lange und nur 1,7 Kilometer breite Gewässer ist in zwei Becken geteilt, das östliche, kleinere Becken ist bis zu 11 Meter tief, das westliche, große Becken ist mehr als 52 Meter tief und ob der Windverhältnisse vor allem bei Surf- und Segelsportlern beliebt. Der See erreicht badetaugliche Temperaturen von bis zu 24 Grad. Der Tourismus hat hier Tradition, Sommerfrischler entdeckten das Gebiet Anfang des 19. Jahrhunderts.

Morgenstimmung am Ossiacher See, wo bereits früh die Fischer ihr Glück versuchen.

Fischer-Frühstück. Ausgeschlafen? Das ist wohl die Standard-Begrüßung mit Augenzwinkern für Gäste des Sport- und Zuchtfischereivereins am Ossiacher See. Es ist kurz nach halb 6 Uhr und die beiden Fischer Richard Legat und Norbert Taferner servieren mir Kaffee und selbst geräuchertes Reinankenfilet. Legat schwärmt über die einfach klingende, aber in langer Zeit mühevoll ausgetüftelte Zubereitung des Filets, das erst geräuchert, danach mit Olivenöl beträufelt und vakuumiert wird. Ich traue mich nicht Nein zu sagen, obwohl Fisch zum Frühstück selbst für meinen Bootsführer Dieter Berger zu viel ist. Die „Höflichkeitskostprobe" bereue ich nicht, der lachsartige Fisch mit hellem Fleisch schmeckt großartig. Wir sitzen in der Zentrale des Fischervereins am Abfluss Seebach direkt unter der Burg Landskron an der Westbucht des Sees.

Die Fischerei ist eine eigene Philosophie. Denn ob man Erfolg hat oder nicht, davon ist Meisterangler Legat überzeugt, hat nichts mit Glück zu tun. Grundsätzlich muss, wer in Kärnten fischen möchte, eine Fischereikarte oder einer Gastkarte vorweisen. Um diese zu erhalten, ist eine „achtstündige Unterweisung" oder ein anderer Nachweis der fachlichen Eignung notwendig. Was man dabei aber nicht lernt ist, was den erfolgreichen Angler gegenüber jenen, die lediglich ihre „Haken baden", ausmacht. Legat fachsimpelt sofort los: „Reinanken fressen Zooplankton und kleine Bodenorganismen." Die „Nymphen" der Fischer haben nichts mit den mythologischen Figuren zu tun, sondern ahmen diese Kleinstlebewesen am Angelhaken nach. Selbstverständlich gibt es die auch zu kaufen. Aber: „Da ist man selbst schuld, wenn man nichts fängt", erklärt Legat. Selbstwickeln ist seine Devise. „Mit Glitzer und UV-Lack. Da wird High-Tech angewandt", sagt er. Die Fische, die unter Wasser offenbar nur Schwarz-Weiß sehen, nehmen die UV-Strahlung wahr oder reagieren, wenn ein Sonnenstrahl von einem Glitzerteil reflektiert wird. „Auf Licht haben es Fische sowieso abgesehen, deshalb ist das Fischen mit Leuchten bei uns verboten", unterweist mich Berger. Er genießt es aber, wenn er in der Nacht mit seinem Boot über den Ossiacher See fährt und immer wieder von den Tieren begleitet wird.

Der Erpel und die beiden Enten haben es sich auf einem der Fischerboote gemütlich gemacht.

Wasservögel. Die Fischer geben mir den Tipp, meinen Blick nicht nur in und um den Ossiacher See schweifen zu lassen, sondern einmal nach oben zu schauen. Ein Paragleiter scheint ins Trudeln gekommen zu sein und kreiselt über dem Wasser. „Keine Angst, die machen das hier absichtlich", beruhigen mich meine Begleiter. Die Gerlitzen gilt als perfekter Startplatz für Drachenflieger. Anfänger landen jedoch trotzdem hin und wieder im See. Die Wasserretter rücken vor allem im Sommer öfter aus, um Bruchpiloten aus dem Wasser zu fischen. So oft, dass sie vor einiger Zeit sogar überlegten, eine Gebühr dafür zu verlangen.
Am Ostufer, im Bleistätter Moor, das vom Hauptzufluss des Sees, der Tiebel, gespeist wird, zahlt sich der Blick in den Himmel ebenfalls aus. Denn neben zahlreichen Wasservögeln sind hier seltene und scheue Arten wie der Schwarzstorch oder der Uhu zu sehen. Der romantische Weg an der Tiebelmündung lädt ebenso einfach zum Spazieren und Genießen ein. Ein perfekter Ausklang, vor allem abends, wenn die Sonne ihre letzten goldenen Strahlen durch Schilf und Bäume schickt.

Unterwasserburgen. Den besten Blick auf den See hat man jedoch von den Ossiacher Tauern. Es gibt einige Aussichtspunkte, wie die Burg Landskron, den Jungfernsteig oder die Mummerwand. Wer von oben auf den See blickt, sieht durch das klare Wasser hindurch im Durchmesser zirka 10 Meter große Steinhaufen schimmern. „Diese Wallerburgen gibt es bereits seit mehreren Hundert Jahren. Sie sollen im Mittelalter angehäuft worden sein", erzählt mir Walter Rudka, Fischer beim Fischereiverein Äsche. „Die Steinhaufen waren beliebte Laichplätze der Waller oder Welse. Wenn im Mai die Jungfische herauskamen, konnte man dort immer gut fischen. Denn die Raubfische machten auf diesen Plätzen Jagd auf die Jungtiere."
Heute sind die Steinhaufen leider von der eingeschleppten Wandermuschel befallen. Die Welse nutzen diese Laichplätze nicht mehr, da die Muscheln alle kleinen Ritzen der Haufen besetzen. „Wir haben schon versucht, die Steine von den Muscheln zu säubern. Aber es

gibt 50 bis 60 Wallerburgen im See. Die Muscheln kommen schneller zurück, als wir sie von den Steinen kratzen können", erzählt Rudka. Eine mysteriöse Tatsache, haben ihm alte Fischer erzählt: Angeblich sollen diese Wallerburgen im See wie an einer Perlenkette in einer Linie zum Kirchturm des Stifts Ossiach gebaut worden sein. Ob das mit speziellen Erdlinien, Energien oder der Hoffnung auf göttlichen Segen beim Fischfang zu tun hat, weiß leider keiner mehr.

Sport- und Zuchtfischereiverein

Infos zu Gewässern, Fischen, Kursen und sogar Rezepte verrät der Verein auf seiner Internetseite. Ebenso wie Wissenswertes zu den Lizenzen.

→ ***www.sportfischerei-villach.at***

Fischereiverein Äsche

Neben dem Revier am Ossiacher See ist der Fischereiverein Äsche als zweiter großer Fischerverein in Villach auch am Vassacher See, Leonharder See, im Warmbach und an der Drau aktiv. An der Gail hat der Verein ein Fliegenfischrevier. Auf der Website gibt es Infos zum Verein, aktuelle Fischereinews und vieles mehr.

→ ***www.aesche.at***

Arge Naturschutz

Geführte Touren ins Bleistätter Moor.

→ ***Tel. (0463) 329666***
www.arge-naturschutz.at

Infos zu Exkursionen gibt es auch bei der Tourismusinformation Bodensdorf

→ ***10.-Oktober-Straße 1***
9551 Steindorf am Ossiacher See
Tel. (04243) 476

Gerlitzenbad Sattendorf

Inhaber Siegfried Wucherer serviert Schmankerl. Die Liegewiese mit Kinderbadebereich ist auch für Familien geeignet.

→ ***Seeuferstraße 7***
9520 Sattendorf
Tel. (0650) 5824470

Strandbad Messner

Eigene Schattenbäume zu mieten und ein eigener Hundebadestrand.

→ ***Gasthof und Strandbad Messner***
Ossiacher-See-Süduferstraße 333
9523 Villach/Landskron
www.holzer-ossiachersee.at

Großbaustelle Ossiacher See

Immer wieder wird der Ossiacher See von Algenplagen heimgesucht. Auch Wasserpflanzen gedeihen in manchen Jahren zu gut für die touristische Nutzung, und es sind immer wieder Mähboote im Einsatz. Um den nährstoffreichen See besser unter Kontrolle zu bekommen, gibt es seit vielen Jahren ein Sanierungsprojekt im Bleistätter Moor. Jetzt wird es schrittweise umgesetzt. Der Hauptzufluss, die Tiebel, bringt 1750 Liter pro Sekunde im Osten des Sees ein. Der Fluss durchfließt jedoch das Bleistätter Moor am Rande des Sees, das seit den 1930er-Jahren landwirtschaftlich intensiv genutzt wird. Durch Drainagen und Poldergräben wird das Gebiet entwässert, es gelangen aber auch Dünger in den Zufluss und anschließend in den See. Zwei dem Zufluss „vorgeschaltete" Renaturierungsbecken sollen nun Abhilfe schaffen. „Sedimente könnten bereits dort zu Boden sinken, im Vorsee könnten auch Nährstoffe durch Wasserpflanzen und Plankton gebunden werden", erklärt Roswitha Fresner, Leiterin des Kärntner Instituts für Seenforschung. Damit kommt nährstoffärmeres Wasser in den See und dieser wieder ins Gleichgewicht. Schon jetzt können bei der Birdwatching-Station in der Ostbucht zahlreiche Wasser- und Singvogelarten beobachtet werden. Vom Schwarzstorch bis zum Uhu. Nach der Renaturierung sollen sich hier noch mehr Tierarten wohlfühlen. Das soll künftig übrigens zu einer Eindämmung von Gelsen selbst in gelsenstarken Jahren führen. Denn die selten gewordenen Wassertiere lieben Mückenlarven.

Geschmiedeter Geschmack

Gleich neben dem Stift Ossiach befindet sich das Restaurant Stiftschmiede. Wirt und Koch Gerhard Satran zaubert die „Kärntner Fischküche des Südens" und begeistert damit nicht nur einheimische Gäste. Auch die feinen Gaumen der Gourmetvereinigung „Chaîne des Rôtisseurs", die sich der Förderung gehobener Küchen- und Tafelkultur verschrieben haben, schwärmen, so munkelt man, für Satrans Küche.

→ ***Stiftsschmiede***
Ossiach 4
9570 Ossiach
Tel. (0676) 4011793
Achtung: In der Nebensaison verkürzte Öffnungszeiten.
www.stiftsschmiede.com

Brunhild am Berg

In den 1970ern galt Eders Einkehr auf der Gerlitzen als verschwiegenes Platzerl für ein Tête-à-tête. Die Anfahrt findet tatsächlich nicht jeder: In Annenheim geht es auf die Bergstraße in Richtung Gerlitzen. An einigen Hauseinfahrten vorbei hält man sich immer bergauf. In einer der engen Kurven sieht man bereits ein kleines Häuschen, dort befindet sich der Parkplatz zu Eders Einkehr. Wirtin Brunhild Lerchster serviert hausgemachte Kärntner Küche, die mit der unfassbar schönen Aussicht wetteifert. Auf der tagesaktuellen Karte finden sich auch moderne Interpretationen klassischer Gerichte. Um die weltbesten Ripperln sollen sich Gäste hier schon gestritten haben. Aber selbst Vegetarier werden fündig. Die Preise sind moderat. Das Erlebnis ist außergewöhnlich. Die Hütte ist klein und gemütlich, im Herbst wird der Ofen eingeheizt. Reservieren ist ratsam, das Antreiben oder Hetzen der Wirtin, die Produzentin, Köchin, Abwäscherin und Servierin in Personalunion ist, hingegen nicht.

→ ***Eders Einkehr***
Ossiachberg 9
9520 Sattendorf
Täglich von 12 bis 20 Uhr geöffnet.
Montag und Dienstag Ruhetag.
Tel. (04248) 29686

Architektur in Stein

Wohnen wollen Sie hier vermutlich nicht. Das Steinhaus des 2012 verstorbenen Kärntner Stararchitekten Günther Domenig ist ein begehbares Kunstwerk. Es präsentiert sich als Landschaft aus Stein und Glas am Ufer des Ossiacher Sees. Spitze Winkel und kristalline Elemente scheinen gleichermaßen angemessen und fremd. Immer wieder gibt es hier Ausstellungen und Konzerte. Man kann das Kunstwerk außerdem bei vom „Architektur Haus Kärnten" angebotenen Führungen ansehen.

→ ***Steinhaus Domenig***
Uferweg 31
9552 Steindorf am Ossiacher See
Öffnungszeiten Mai bis Oktober
Mittwoch 10 bis 19 Uhr
Führungen um 17 Uhr oder bei Voranmeldung.
Tel. (0664) 5166673
www.steinhaus-domenig.at

Tauernteich

Der kleine Fischteich liegt auf 870 Meter Seehöhe über Alt-Ossiach in den Ossiacher Tauern. Der Tauernteich ist 4 Hektar groß. In seiner Nähe lebt auch der seltene Feuersalamander. Rund um den Teich laden Sitzgelegenheiten zum Entspannen ein. Als Badesee wird er nicht genutzt, deshalb auch nicht regelmäßig überwacht.

Warum passieren Dinge? Mit der Philosophie ist das so eine Sache. Die „Liebe zur Weisheit", wie das Wort aus dem Griechischen übertragen heißt, ereilt uns im Alltag gerne in stillen Momenten. Ein schöner Ausblick zwischen den Bäumen hinunter zum zart glitzernden Ossiacher See könnte ein Anlass dafür sein. Der Blick zurück über die bravourös geschaffte Strecke des Schluchtenweges, der trotz seiner Rauheit kraftspendend und wunderschön ist, ebenso. Oder der Blick in die Zukunft: „Wie weit ist es wohl noch hinauf zum Tauernteich?" Und natürlich gibt die Besinnung auf das Hier und Jetzt mit steilen Anstiegen und rutschigen Holzstufen einen besonders triftigen Grund für philosophische Fragen, zumindest für meine 10-jährige Tochter Lucia: „Mama, warum?!"

Von der Schönheit unbeeindrucktes Töchterchen Lucia.

Tatsächlich habe ich mich das auch bereits leise gefragt. Denn die zirka 1,5 Kilometer durch den Rappitschgraben kommen dem eher bequemen Wanderer durchaus länger vor. Das mag an den 400 Metern Höhenunterschied liegen, die hier von Rappitsch, einem Ortsteil von Ossiach am Ufer des Ossiacher Sees, kompromisslos direkt, ja nahezu in Luftlinie, hinauf zum wildromantischen Tauernteich überwunden werden.

Meine gute Laune hatte sich leider schon bei der Parkplatzsuche eingetrübt. Denn nahe dem Startpunkt an der Ossiacher-See-Bundesstraße, kurz nach der Rappitschbrücke (vor dem Ortsschild „Alt Ossiach") aus Richtung Villach kommend, gestaltet sich das Abstellen des Autos schwierig. Kostenfrei parken kann man im Ortszentrum und beim Fußballplatz in Ossiach, zum Startpunkt der Wanderung geht man auf der Bundesstraße zirka 10 Minuten in Richtung Alt-Ossiach.

Wer diese Wanderung im Sommer machen möchte, sollte möglichst frühvormittags starten, bevor die Sonne direkt in den Graben scheint. Die kühle Luft des Wildbaches, der den gesamten Weg entlang fröhlich nebenher plätschert, und des Waldes sorgen für willkommene Erfrischung. Die war wohl auch beim Bau des detailreich gestalteten Weges notwendig. Vier Jahre lang schufteten hier Helfer der Nachbarschaft Ossiach, der forstlichen Ausbildungsstätte

Ossiach und des Instituts für Forsttechnik der Universität für Bodenkultur in Wien. Vorher war der Rappitschgraben nicht begehbar und die alljährlich vorgeschriebene Kontrolle des Wildbaches für die Aufsichtsorgane der Gemeinde und der Wildbach- und Lawinenverbauung gefährlich. Mit zwei mobilen Seilanlagen schuf man Abhilfe und ganz nebenbei eine neue Wanderattraktion.
Der Steig ist trotz der vielen Brücken, Geländer und Leitern nicht nur möglichst sicher, sondern auch so naturnah in das Wildbachgebiet eingefügt, dass dieser – ganz philosophisch – selbst zum Ziel wird. Allerdings nur mit festem Schuhwerk!
Vor allem der untere Teil, zwischen dem „Prof. Walter Wolff Waldweg" und der Waldbauernstraße ist extrem steil. Ich empfehle unbedingt Wanderstöcke, egal ob sie den Schluchtenweg rauf oder runter bewältigen wollen – Knie und Hüften werden es danken.
Ungemein gemütlicher und ebenfalls wunderschön gestaltet sich der Weg ab der Waldbauernstraße. Abenteuerlich ist er trotzdem, man quetscht sich zwischen Felsen durch oder bewältigt die „Indianerleiter", eine Stahlkonstruktion, die über einen Felsvorsprung führt. Da bekommt sogar mein Töchterchen wieder gute Laune.

Feuersalamander am Wegesrand. Für die gesamte Strecke sind in Wanderkreisen für den Ossiacher Schluchtweg optimistische 45 Minuten angegeben. Das schafft der Genusswanderer nicht. Inklusive mehrerer kleiner Pausen brauche ich mit meiner Tochter realistische 90 Minuten. Idyllisch, beinah kitschig, breitet sich der kleine See nach einem letzten kurzen Steilstück aus. Ich fotografiere verzückt die vielen Wasserläufer. Wer Glück hat, findet in dieser Gegend sogar den seltenen Feuersalamander. Naturschützer haben mir den Tipp gegeben, dass sich dieser besonders gerne kurz vor oder nach einem Regenschauer zeigt. Bei diesen Witterungen ist vom Schluchtenweg aber abzuraten. Ich treffe auf Sigi Nagele vom Fischerverein Tauernteich. Er erzählt mir von dramatischen Erfahrungen vor wenigen Jahren: „Es ist im Winter zu einem großen Fischsterben gekommen. Wir vermuten, dass die in Ruhestellung befindlichen Fische von Sprengübungen in einem nahen Steinbruch aufgeschreckt worden

Allerlei kleine Tierchen sind am Weg zu sehen.

sind. Der See war jedoch zugefroren und das Wasser hatte zu wenig Sauerstoff für die aufgeregten Fische. So sind viele Waller verendet.“ Heute ist der Teich wieder gut besetzt. Im Winter gibt es hier ein Mal im Jahr ein Eisfischen. „Da werden Löcher ins Eis geschnitten und dann wird einfach eine Angel in den Teich gehalten“, erzählt mir der passionierte Fischer.

In vielen Stunden wurde der Schluchtenweg von Helfern mit Treppen, Brücken und Indianerleitern ausgestattet.

Meine Tochter hat mittlerweile etwas anderes entdeckt und spricht vorwurfsvoll: „Mama, hier ist eine Straße.“ Ja, muss ich zugeben. Die Ossiacher Tauernstraße der Österreichischen Bundesforste schlängelt sich von Ossiach herauf. Die nutzen nicht nur Mountainbiker, sondern auch Autofahrer. Für alle, die sich das Steilstück des Schluchtweges ersparen möchten: Bei der „Waldbauern-Kehre“ auf 790 Meter Seehöhe kann man gut in den zweiten, wildromantischen, aber nicht mehr so steilen, Abschnitt des Schluchtenweges einsteigen.

„Das hätte doch auch gereicht“, brummelt der Nachwuchs. Beim Abwärtsgehen hat Lucia dann Puste und Lust, dieses nahezu traumatische Kindheitserlebnis auch philosophisch zu verarbeiten: „Warum passieren Dinge? Da kann man die Naturwissenschaft fragen. Aber selbst die weiß nicht, warum du mich hier raufschleppst, obwohl wir doch mit dem Auto hätten fahren können.“

Wanderung

Der Tauernteich ist ein Kreuzungspunkt in den Ossiacher Tauern. Die Tauernstraße führt weiter in Richtung Velden (mit schöner Aussicht auf den Wörthersee) oder Feldkirchen. Durchgehend auf einer Höhe von 800 bis 900 Meter verläuft am Kamm auch der Tauernhöhenwanderweg von Glanhofen bis zur Burgruine Landskron (dort empfiehlt sich eine kleine Pause beim nahe der Burg gelegenen Aussichtspunkt Jungfernsprung), weshalb sich die Ossiacher Tauern zwischen Ossiacher See und Wörthersee auch wunderbar für ausgedehntere Wanderungen und Mountainbike-Touren eignen. Ein schöner Aussichtspunkt ist die Mummer Wand: am Tauernweg in Richtung Oberwinklern, bis zur Abzweigung Mummer Wand.

Alpe-Adria-Trail

Der Ossiacher Schluchtweg ist Teil des Weitwanderweges Alpe-Adria-Trail. Dieser führt vom Tauernteich weiter bis zum Wörthersee. Auf dem Weg findet sich in Oberdorf die Kirche hl. Johannes der Täufer, die erstmals 1355 in den Urkunden erwähnt wurde. In der Vorhalle sind etliche Römersteine und seltene romanische Grabplatten eingemauert. Es ist die bedeutendste Ansammlung solcher Artefakte in Kärnten.

→ ***Infos***
www.alpe-adria-trail.com
Urlaubsinformation Kärnten
Völkermarkter Ring 21-23
9020 Klagenfurt Austria
Tel. (0463) 3000
www.kaernten.at

Feste und Feiern im Gut Ossiach

Ganz in der Nähe auf einem Hochplateau befindet sich das Gut Ossiacher Tauern. 1513 wurde es durch das Benediktinerkloster Ossiach gegründet, im Laufe der Jahrhunderte veränderten sich die Besitzverhältnisse. 1783 ging der Tauernberg ebenso wie das Stift Ossiach in den Besitz des Staates über. Jedes Jahr im August ist das Gut Ziel tausender Gäste, die hier zum „Rindfleischfest" kommen.

Die dazugehörige Tauernkirche ist die einzige erhaltene Filialkirche des Stiftes Ossiach. Sie wurde 1290 als Thomaskirche das erste Mal erwähnt. Man findet spätgotische und frühbarocke Elemente zahlreicher Umbauten. Am Altarbild von Sebastian Starnberger ist der heilige Antonius zu erkennen, dem die Kirche heute geweiht ist. Der Heilige soll bei Anrufung helfen, verlorene Dinge wiederzufinden. Bis in die 1950er-Jahre gab es an seinem Gedenktag, dem 13. Juni, Wallfahrten und Bittprozessionen zur Kirche. Seit den 1980ern feiert die Nachbarschaft im Juni das allseits beliebte „Tauernfest".

Hengstaufzucht

Der Hengststall in Tauern zählt zu den traditionsreichsten Aufzuchtställen in Österreich. Die Pferdezucht hat im Gut Ossiach bereits im 16. Jahrhundert eine große Rolle gespielt, davon zeugen die alten großen und hohen Stallungen der zugehörigen Tauernmeierei. Am 1. Mai 1910 wurde der landwirtschaftliche Hengstfohlenhof Ossiacher Tauern gegründet. Es war die erste Junghengstaufzucht dieser Art in Österreich. Heute gehört der Betrieb der Landwirtschaftskammer Kärnten. Es werden Junghengste der Rassen Noriker und Haflinger aufgezogen. Der Weideaustrieb im Mai ist nicht nur für Pferdeliebhaber ein Erlebnis. Nirgendwo sonst kann man bei einer traditionellen Veranstaltung die jungen Kraftpakete so hautnah erleben, wenn sie unter donnerndem Hufschlag ihre frühlingsfrischen Weiden in Beschlag nehmen.

→ ***Hengststall Ossiacher Tauern, Tauern. Zufahrt über die Tauernstraße Feldkirchen oder Ossiach.***

→ ***Infos:***
Landespferdezuchtverband Kärnten
Museumgasse 5
9020 Klagenfurt
Tel. (0463) 5850-1521
www.pferde-kaerntenaustria.at

Fischerstüberl

Die kleine, familiäre Pension lädt zur Übernachtung ein. Die Preise sind moderat und die Angebote, neben Tennisplätzen und einem eigenen Badestrand gibt es auch ein hauseigenes Fischereigewässer am Ossiacher See, vielfältig.

→ ***Ossiach 4***
9570 Ossiach
Tel. (04243) 500
www.fischerstueberl.com

Für Kletterfans

Der Kletterwald Ossiacher See gilt mit dem Baujahr 2014 zu den modernsten Hochseilklettergärten in Kärnten. Im ursprünglichen Buchenwald schwingt man sich gesichert von Baum zu Baum und genießt einen spektakulären Ausblick auf den Ossiacher See.

→ ***Rappitsch 59***
9570 Ossiach
Oberhalb der Feuerwehr Ossiach
Tel. (0664) 5632120
www.kletterwald-ossiachersee.at

→ ***Öffnungszeiten:***
Von Ende März bis Mitte September täglich von 9 bis 20 Uhr.
Bis November Donnerstag bis Sonntag ab 10 Uhr bis Sonnenuntergang.

Wörthersee

Der größte und – durch zahlreiche Fernsehserien und Filme – auch bekannteste See in Kärnten ist der Wörthersee. Mit einer Fläche von 19,39 Quadratkilometern und einem Wasservolumen von zirka 816 Kubikmetern liegt er auf 439 Meter Seehöhe zwischen der Landeshauptstadt Klagenfurt und der Marktgemeinde Velden. An der tiefsten Stelle misst er 85,2 Meter.

Kirche als Wahrzeichen. Der Wörthersee war einer der ersten touristisch genutzten Seen des Landes und ist vor allem bei Wassersportlern beliebt. Auf ihm dürfen nämlich Motorboote fahren, was nicht auf jedem Kärntner See möglich ist. Das 25 bis 26 Grad warme Wasser kann man auch als Nicht-Seegrundbesitzer in 28 Strandbädern rund um den See genießen. Ein besonders markantes Postkartenmotiv ist die Wallfahrtskirche auf der Halbinsel von Maria Wörth. 875 wurden in der Marienkirche die Reliquien der Märtyrer Primus und Felicianus beigesetzt. Im 9. Jahrhundert wurde Maria Werd (althochdeutsch für Halbinsel) urkundlich erwähnt, wovon sich der heutige Name Wörthersee ableitet. Zuvor hieß er auch Veldener oder Klagenfurter See.

Der Sage nach entstand der Wörthersee durch das Wörtherseemandl, das eine maßlose, im Reichtum schwelgende Stadt überflutete, indem es den Hahn eines Fässchens öffnete. Tatsächlich verdankt der Wörthersee seine Entstehung einer tektonischen Störung, die schon vor der Eiszeit vorhanden war. In der Diluvialzeit stauten sich die Eismassen des Draugletschers hier bis zu 1000 Meter hoch. In der Nacheiszeit wurde die Talfurche im Norden von den Schottermassen der Glan abgedichtet, außerdem trennten sich Drau- und Wörtherseegletscher und so entstand ein riesiger Stausee. Der heutige See ist der Rest davon.

Segelregatta auf dem Wörthersee

Wassersport mit Schön und Reich. Wasserskifahren ist die Sommervariante an Kärntner Seen zum winterlichen Pistenspaß auf den Bergen. Wie ein Vogel, der keck seine Flügel über die Oberfläche gleiten lässt, um eine elegante Fontäne zu erzeugen, ziehen die Wasserskifahrer am Wörthersee und am Ossiacher See ihre Bahnen. Kaum ein Film mit Kärntner Kulisse kam und kommt ohne diesen sportlichen Schwung über den See aus, die bekannte 1990er-Jahre-Serie „Ein Schloss am Wörthersee" schon gar nicht.

Da für Norma Normalverdiener kein Schloss, keine Villa am See, ja, nicht einmal ein eigenes Motorboot drin ist, dachte ich mir, ich probiere es eben mit dem Sport, der durchaus gerne von den Schönen und Reichen ausgeübt wird. Noch dazu werben die Schulen mit „Wasserski – ein leicht zu erlernender Sport für Jung und Alt". Prima. Tipps hat meine liebe Freundin Christiane parat. Sie war selbst Wasserski-Staatsmeisterin und fährt mit ihren Kindern auf dem Ossiacher See. Angesichts meiner sportlichen Konstitution empfiehlt sie mir einen befreundeten, besonders zuvorkommenden und sorgsamen Bootsführer am Wörthersee. Kapitän Robert trifft sich mit mir in einem der entzückendsten Strandbäder, die der größte See Kärntens zu bieten hat: Bad Saag. Das Grundstück ist eines der wenigen in öffentlicher Hand. 2009 wurde das Bad Saag vom Land Kärnten und der Stadt Klagenfurt gekauft. Es ist mit seiner Architektur, Lage und dem attraktiven Uferbereich Sinnbild für das mondäne Wörthersee-Feeling – weshalb es neuerdings „Beach Club Saag" heißt. Eine Bürgerinitiative setzt sich für den Erhalt dieses öffentlichen Status weiter ein, denn immer wieder werden Privatisierungspläne ruchbar.

Hannah zeigt es bravourös vor. Doch Wasserskifahren ist nicht so leicht, wie es aussieht.

Bei anderen Filetstückerln des Sees ist das nicht gelungen, diese haben sich Promis und Millionäre schon längst unter den Nagel gerissen. Die österreichische Schickeria lässt sich die exklusive (Sommer-)Adresse etwas kosten: Für einen Quadratmeter Seegrundstück muss man etwa 2000 Euro hinblättern.
Offizielle Touren zu diesen Anwesen gibt es keine, aber so mancher Motorbootkapitän führt Gäste, die freundlich fragen, gerne an den teils mit Security strengstens bewachten Villen vorbei. Vom See aus hat man immerhin die Gelegenheit, einen Blick zu erhaschen, entlang der Straße sind die Grundstücke mit blickdichten Zäunen und meterhohen Mauern vor dem neugierigen Fußvolk geschützt. Kärnten ist dennoch weitestgehend Paparazzi-frei, was Heather Mills, die Exfrau von Paul McCartney, einmal als Grund nannte, an den Wörthersee zu ziehen. Gleich neben die Milliardärinnen Ingrid Flick und Heidi Horten.

Idylle im Verkehrslärm. Ein kleiner Schönheitsmakel des Wörthersees ist die Verkehrslösung. Die „Panorama-Autobahn" A2, die Südautobahn, auf die man einst ob ihres Ausblickes besonders stolz war, wurde mittlerweile großzügig mit Lärmschutzwänden versehen. Bei der Bahn, die bereits 1864 gebaut wurde, ist das schon schwieriger. Sie wird teilweise sehr knapp am Ufer geführt und hat einst den ersten großen touristischen Aufschwung gebracht. Vor allem Velden und Pörtschach profitierten – das Südufer hatte zu dieser Zeit nicht einmal eine Straße und wurde erst 1899 erschlossen. Der Lärm der Züge ist heute quer über den See gut zu hören. Den Urlaubern hat das früher wenig ausgemacht. Heinrich Noë schreibt 1867 in seinem Reiseführer „Das Österreichische Seenbuch" über den Wörthersee: „Das Gestade hat den Charakter der Anmut – es besteht aus Wald, Feldern, Gärten." Für viele war der Wörthersee mit Bahn und später mit dem Auto gut erreichbar und damit ein ideales Sommerfrischeziel. Die Gleise sind entlang des Nordufers immer wieder zu queren. Die Zufahrt zum Bad Saag gestaltete sich vor nicht allzu langer Zeit mit gleich mehreren Bahnübergängen besonders zeitintensiv. Mittlerweile erleichtert eine Unterführung die Zufahrt. Trotzdem gilt der „Beach Club Saag" weiterhin als Geheimtipp.

Eine der wenigen frei zugänglichen Badebuchten in der Nähe des Rudervereins Albatros am Klagenfurter Friedelstrand.

Ein Stamperl Seewasser. Robert erwartet mich mit seinem Boot bereits am Steg. Ich werde von ihm mit einer Schwimmweste ausgestattet. „Auch wenn du schwimmen kannst, draußen am See und mit den Skiern auf den Füßen brauchst die", lässt der Kapitän keine Diskussion zu und schnallt mich in das korsettähnliche Ungetüm. Etwas unbeweglich wanke ich in das Motorboot.

Er gibt Gas und bringt mich aus der Schwimmerzone heraus. Während wir so über das Wasser flitzen, beobachte ich in der Ferne Kinder, die sich in Reifen und auf Skiern gekonnt von anderen Booten ziehen lassen. Aufrechte Haltung, leicht gebeugte Knie – in Gedanken übe ich schon einmal. „Du gehst rein, schlüpfst in die beiden Skier, hältst dich fest. Hände immer ausgestreckt halten, sonst zerbröselt es dich", ergänzt er meine ausgeklügelten Pläne. „Wenn du mir das Zeichen gibst, fahre ich langsam an. Dann spürst du den Wasserdruck und kannst dich rausziehen lassen. Du musst nur stehen, das geht schon." Ganz einfach also.

Über das Heck des Bootes platsche ich also ins Wasser, es werden mir die Skier gereicht. Das Anziehen im Wasser ist für mich als ehemalige Rettungsschwimmerin kein Problem. Ich schnappe mir den Griff am Seil und recke motiviert die Skispitzen aus dem Wasser und den Daumen hoch. Robert gibt in einiger Entfernung Gas, ich spüre den Zug, denke noch daran, meine Füße dem Wasser entgegenzustemmen – doch zu spät. In einer wenig eleganten Grätsche, die glücklicherweise keiner sieht, weil ich nicht einen Zentimeter aus dem Wasser kam, lasse ich los. Okay, so nicht. Beim zweiten Mal bin ich konzentrierter und schaffe es sogar ein Stück aus dem Wasser, bis es einen Ski verreißt und ich bäuchlings in Richtung Boot hechte. Es bieten sich mir daraufhin gleich mehrere Gelegenheiten, die hervorragende Qualität des Wörtherseewassers zu kosten. Der Nachschlag ist großzügig. Mir ist klar, hier leite ich nun das Grande Finale ein. Tatsächlich gelingt es mir, mich kurz auf den Brettern zu halten. Mit einem stuntreifen Sprung, den Schwung gibt mir dabei das Motorboot, dessen Spritgeruch ich mittlerweile auch schon kenne, verabschiede ich mich endgültig in die Fluten. Robert zwinkert mir zu und fischt mich mit charmanten und aufmunternden Worten aus dem Nass. Ja, der Kärntner Charme, der tut auch einem einheimischen Mädl gut.

Motorboote in allen, vor allem aber schicken Varianten sind am Wörthersee allgegenwärtig.

„Na, Trinkwasserqualität?“, lacht er mich bei der Rückfahrt an. Ich nicke, obwohl die Legende von der Trinkwasserqualität der Kärntner Seen so eigentlich nicht stimmt. Zum Verzehr geeignetes Wasser dürfte kein Leben in sich tragen, keine Bakterien, Algen oder anderen mikroskopisch kleinen Dinge, die schlussendlich für das gesamte Leben auf dem Planeten zuständig und im Seewasser unbedingt notwendig sind.

Die Qualität der Kärntner Gewässer ist, so gesehen, „lediglich“ hervorragend! Das war nicht immer so. Trotz der regen touristischen Nutzung wurden die Abwässer der Haushalte und Hotels lange Zeit direkt in die Seen geleitet. Ein Schluck Wasser war damals alles andere als gesund. In den 1970er-Jahren wurden deshalb Kanalprojekte mit teuren Seedruckleitungen gestemmt, die Ableitung und

Reinigung der im Nahbereich des Wörthersees und später auch der anderen Seen anfallenden Abwässer garantierten. Finanzielle Megabaustellen, deren Aufwand jedoch ganz klar etwas gebracht hat, wie das jahrzehntelange Monitoring und die Studien des Kärntner Instituts für Seenforschung zeigen. Die Wasserqualität steigerte sich enorm. Um das plakativ auch dem letzten Badegast zu verdeutlichen, kam es unter Politikern auf, eine ganz persönliche Qualitätsdemonstration zu inszenieren: Unter dem Blitzlichtgewitter der Fotografen und den kritischen Blicken der Medien wurde ein Glas in den See getaucht und mit herzhaften Schlucken leer getrunken. Da schau her: „Trinkwasserqualität!"

Der offizielle Projektabschluss des 1962 gestarteten Kanalprojektes des Abwasserverbandes Wörthersee-West mit allen erforderlichen Kläranlagen und Pumpstationen fand übrigens erst ganze 50 Jahre später, im Jahr 2012, statt.

Und wegen des enormen Konsums an Seewasser an diesem Tag kann ich ebenfalls für die Qualität bürgen. Nicht das kleinste Bauchzwicken rührte sich. Doch ich habe mir geschworen, das gute Kärntner Wasser nur noch elegant bei Tisch mit Seeblick zu genießen. Am besten gleich vor Ort im „Beach Club Saag", einem der Hotspots des Sees, bzw. im benachbarten Seerestaurant „Saag Ja" von Drei-Hauben-Koch Hubert Wallner.

Die Werft der Wörtherseeschifffahrt in Abendstimmung

Beach Club Saag und Seerestaurant
→ *Saag 11*
9212 Techelsberg
Tel. (04272) 43501
www.saag-ja.at

Promenieren
Spaziergänge direkt am Wasser lassen sich am Wörthersee nur noch an wenigen Stellen so richtig genießen. Ausnahmen bieten etwa die Uferpromenaden in Pörtschach und am Friedelstrand in Klagenfurt (Foto oben).

Schiffsverkehr
Ein kurzes Stück kann man auch zwischen dem Klagenfurter Strandbad und der Werft der Wörtherseeschifffahrt direkt am Ufer schlendern. Die Personenschifffahrt am See begann vor rund 150 Jahren. Die Schiffe wurden damals vor allem als Verkehrsmittel eingesetzt, denn der Transport am Landweg war mühsam. Die einfachen Holzflöße mit Ruderantrieb wurden später mit Segeln ausgestattet. Mit dem Bau der Eisenbahn wurde die Schifffahrt auch als Ausflugsmöglichkeit immer beliebter. 1853 schipperten Raddampfer mit Gästen über den See. Die technisch anfälligen Fahrzeuge wurden 20 Jahre später aus dem Verkehr gezogen. 1910 wurde die Flotte stark erweitert, zu den vier großen Schiffen kamen mehrere kleinere Motorschiffe. Der Berufsverkehr gewann an Bedeutung, und vor allem in der Kriegszeit wurde von den Schiffen noch einmal Höchstleistung eingefordert. Bis 1974 hielt das Flaggschiff der Wörtherseeflotte, die „Thalia“, gebaut 1909 und eines der letzten Schraubendampfschiffe Europas, durch. Wegen Wellenbruchs wurde sie außer Dienst gestellt. Nach umfangreichen Restaurierungsmaßnahmen lief sie 1988 zur zweiten Jungfernfahrt vom Stapel. Sie wird heute für Ausflugs- und Sonderfahrten genutzt, die neben der Linienschifffahrt angeboten werden. Nahe der Werft empfiehlt es sich, in der „Villa Lido“ vorbeizuschauen. Die Pizzeria und Trattoria ist in der warmen Jahreszeit besonders beliebt. Wer einen der begehrten Plätze direkt am Wasser bekommen möchte, sollte vor allem mittags und abends reservieren.

Villa Lido
→ *Friedelstrand 1*
9020 Klagenfurt am Wörthersee
Tel. (0463) 210712
www.villa-lido.at

Wörthersee Schifffahrt
→ *Friedelstrand 3*
9020 Klagenfurt am Wörthersee
Tel. (0463) 21155
www.woertherseeschifffahrt.at

Sonnenuntergang im Lustschloss

Ein ganz besonderer Platz am See ist Maria Loretto am Landspitz von Klagenfurt. Das Schloss wurde 1652 von Graf Johann Andrä von Rosenberg als Lustschloss gebaut. Die gesamte Anlage war vom italienischen Schloss Isola Bella am Lago Maggiore inspiriert. 1660 wurde hier Kaiser Leopold I. empfangen und von venezianischen Gondolieri in der extra angefertigten Holzflotte über den See geschippert. Heute dient das mittlerweile im Besitz der Stadt Klagenfurt befindliche frühbarocke Herrschaftshaus weiterhin für rauschende Feste. Die Terrasse und der Garten sind der ideale Platz, um Sonnenuntergänge am Wörthersee zu genießen.

Das Stallgebäude wurde vor mehr als 150 Jahren von Graf Friedrich Orsini-Rosenberg zu einem Restaurant umgebaut. Seit 1978 wird es von der Familie Hofer geführt. Mit einer eigenen Bootsanlegestelle inklusive Aufladestation für Elektroboote ist es ein kulinarischer Anlaufpunkt vom Wasser ebenso wie vom Land aus. Fische werden, außerhalb der Saison, frisch aus dem eigenen Aquarium geangelt. Maria Loretto ist auch ein schönes Ziel für einen Spaziergang entlang des Lendkanals.

Restaurant Maria Loretto

→ ***Lorettoweg 54***
9020 Klagenfurt am Wörthersee
Tel. (0463) 24465
www.restaurant-maria-loretto.at

Schloss Loretto

Der Garten mit Seeausblick ist frei zugänglich.
Kontakt für Buchungsanfragen:

→ ***Andrea Baumgartner***
SML Betriebs GmbH
Tel. (0676) 897331712
www.schloss-loretto.com

Mehr als Schlechtwetterprogramm

Das Planetarium Klagenfurt wurde um eine halbe Million Euro erneuert und strahlt als Ausflugsstern am Kärntner Urlaubshimmel gleich neben den Klassikern Minimundus und dem Happ Reptilienzoo. Die moderne Technik und geniale Shows, die von Experten in den USA programmiert werden, katapultieren die Zuseher in ferne Galaxien oder Zeiten. Außerdem finden immer wieder Veranstaltungen oder Vorträge statt.

→ ***Planetarium Klagenfurt***
Villacher Straße 239
9020 Klagenfurt
www.planetarium-klagenfurt.at

Edle Küche am See

Den Schritt, sich selbstständig zu machen, hat Thomas Gruber nicht bereut. In seinem Restaurant in Pörtschach bekocht er eine Fangemeinde, die dieses Restaurant nur besten Freunden empfiehlt. Schließlich will man ja selbst auch noch Platz bekommen. Ob das Rib-Eye-Steak vom Almochsen mit Zwiebelmarmelade, das Beef Tatar oder die frischen Fische aus dem Wörthersee. Gekocht wird puristisch genial.

→ ***Gasthaus von Thomas Gruber***
Klagenfurter Straße 172
9210 Pörtschach
Tel. (04272) 44118
Öffnungszeiten:
Mittwoch bis Samstag: 17 bis 23 Uhr
Sonn- und Feiertag: 12 bis 23 Uhr
Montag und Dienstag Ruhetag.
www.von-thomas-gruber.at

Forstsee und Saisser See

Versteckt im Wald über dem Wörthersee, in der Gemeinde Techelsberg, liegt der Forstsee. Der 29 Hektar große See wird als Stausee benutzt und erreicht bei höchster Staustufe eine Tiefe von 35 Metern. Das bewaldete Ufer mit zahlreichen Buchten lädt zum Spazierengehen und Baden bei Temperaturen von bis zu 22 Grad ein. Unweit davon befindet sich der Saisser See oder Jeserzer See, umgeben von dunklen Moorböden. Am Westufer gibt es Wiesenflächen, die als Badeplatz kostenlos genutzt werden können. Der 13,3 Hektar große See kann im Sommer Wassertemperaturen von bis zu 25 Grad erreichen.

Geheime Plätzchen für Jung und Alt. Oskar hat heute keine Lust zum Bravsein. Oskar will spielen oder etwas futtern und strolcht im liebevoll gestalteten Gastgarten zwischen den Tischen umher. Wer weiß, vielleicht will ja einer der Gäste mit ihm teilen. Aber das will bei dem, was einem da im Gasthof Feidig serviert wird, keiner. Die Kärntner Spezialitäten essen die Gäste lieber selber. Armer Hund. Der Gasthof Feidig ist seit Generationen in der Hand einer Familie, Monika Tassotti führt den Betrieb wie früher. „Bei uns herrscht ein familiärer und unkomplizierter Umgang", sagt sie und versucht Oskar zu überreden, doch im Haus seine Runden zu drehen. Die Wirtin setzt fort, was ihre Ururgroßmutter, die in Triest und in Venedig dereinst eine Kantine betrieben hatte, hier am Saisser See im Jahr 1856 begonnen hat. Damals war das eine kleine Jausenstation.

„Der Gasthof Feidig ist ein Geheimtipp, der nur von guten Freunden kommt", heißt es. Zufällig findet man hier tatsächlich nicht her. Dafür trifft man auf Menschen, die „wissen, wo es gut ist". So hat im Haus sogar schon Königin Louise von Sachsen genächtigt. „Sie hat danach sogar Briefe geschrieben, wie gut es ihr gefallen hat", erzählt Tassotti. Die exzellente, aber bodenständige Küche lockte auch Stars wie Udo Jürgens und Roy Black an. „Meine Großmutter hat den Kuhstall zur Küche ausgebaut. Das hat dem Roy Black so gefallen, dass er oft sogar mitten in der Nacht bei uns geklopft hat. Er wollte in der Küche einheizen und ein bisserl sitzen", lacht die Wirtin. Wahrscheinlich wurden ihm dann auch die bis heute berühmten Topfenmarillenknödel nach dem Geheimrezept der Großmutter serviert. „Da hat mir ein Sternekoch einmal 1000 Euro für das Rezept geboten", lacht Maria Tassotti. „Ich hab mich gefreut, aber das Rezept bekommt keiner."

Baden macht hungrig. Nach einem erfrischenden Sprung in den Saisser See lohnt es sich, im Gasthof Feinig vorbeizuschauen.

Über die Wiese des Gasthofs geht es zum frei zugänglichen Badestrand am Saisser See. Im Tiefenbereich zwischen 1,5 und 4,5 Metern wächst ein dichter Teppich von Armleuchteralgen. Diese sind harmlos, können beim Tauchen aber manchmal am Bauch kitzeln. In touristisch stark genutzten Badeseen entfernt man diese Algen mit Mähbooten. Das Abmähen hat aber eine gegenteilige Wirkung und führt eher zu einem verstärkten Wuchs. Die Landschaft rund um den Saisser See ist bezaubernd und lädt zu Spaziergängen ein. Direkt am Parkplatz des Gasthof Feidig beginnt auch die „3-Seen-Wanderung".

Romantische Waldidylle. Dem Wanderweg folgend geht es zum Forstsee. Dieser kleine Stausee ist von Wald umrandet und eignet sich ebenfalls für idyllische Spaziergänge. Er lädt mit den vielen kleinen Buchten zum kostenlosen Baden ein. Lediglich der Parkplatz ist zu bezahlen, falls man mit dem Auto kommt. Schüchtern sollte man hier aber nicht sein. Während der Badebereich beim Strandimbiss Familien vorbehalten ist und an den näher gelegenen Stränden Hundebesitzer ihren Vierbeinern ein Bad gönnen, geht es in den versteckten Buchten freizügiger zu. Hier frönen viele der Freikörperkultur. Auch Pärchen verschlägt es immer wieder zu romantischen Stündchen hierher. „Vor allem abends ist eine Kontaktaufnahme in nahezu allen Konstellationen möglich", verrät mir ein Bekannter. Ob allein oder zu zweit – meist geht es hier nicht nur um Zweisamkeit. Denn dieser Platz zieht auch Voyeure an. „Eine ganz blöde Idee ist es aber, da mit seiner geheimen Affäre aufzutauchen", zwinkert mir der Bekannte zu, der verständlicherweise seinen Namen nicht genannt wissen will. „Denn hier triffst du sicher immer jemanden, der dich kennt."

Leandro hat sichtlich Spaß beim Schaukraftwerk Forstsee.

Und wer keinen Kontakt sucht, wird – bei Tag – vom Forstsee begeistert sein. Das naturbelassene Gewässer kann man entlang eines schönen Spazierweges umrunden. Die Gemeinde Techelsberg hat übrigens ausreichend Mistkübel aufgestellt. Deshalb – und wohl auch durch die lobenswerte Disziplin der Besucher zu jeder Tageszeit – findet man rund um den See wenig bis gar keine Hinterlassenschaften oder Müll. Das ist leider nicht überall so.

Einfache Küche mit Promifaktor

„Die Moni kummt schon und bringt eich was zan Pappln." Dieser kärntnerische Satz hat schon mehr als einen Urlaubsgast verwundert. Er besagt nichts anderes als „Die Moni kommt gleich und bringt euch etwas Leckeres zum Essen." Die kleine, aber feine Karte ist saison- und oft tagesaktuell. Über die Köstenberger Straße kommt man zum Gasthof Feidig am Saisser See. Bei der Abzweigung Oberjeserz geht es nach links auf die gleichnamige Straße. Von hier aus ist der Gasthof Feidig beschildert.

→ ***Gasthof Feidig***
Saisserseeweg 10
9220 Velden
Tel. (04274) 2875
www.gasthof-feidig.at

3-Seen-Wanderung

Die 3-Seen-Wanderung kann man auch in Velden am Wörthersee starten und an den Villen aus der Zeit der sogenannten Wörtherseearchitektur vorbeischlendern. Ab der Franzosenkirche beginnt der Weg durch die Römerschlucht. Bei der „Schönen Aussicht" kann man genau diese genießen, bevor der Weg in den Wald zum Forstsee führt. Weiter geht es zum Saisser See und über Kranzelhofen durch den Teufelsgraben wieder zurück nach Velden. Für diese große Runde sollte man 4,5 Stunden einplanen.

Variante: Gleich ab dem Parkplatz des Gasthofs Feidig beginnt der Wanderweg 12 in Richtung Forstsee. Nach einem asphaltierten Abschnitt durch die Siedlung Göriach gelangt man zum Römerfelsen und zur Römerschlucht. Am Römerweg entlang erreicht man nach einem kurzen Aufstieg eine Weggabelung. Nördlich davon, ungefähr 20 Meter vom Weg entfernt, findet man (mit ein bisschen Suchen) einen mysteriösen Schalenstein. Der Findlingstein hat elf künstlich eingearbeitete Schalen. Weder sein Alter noch die einstige Verwendung des vorgeschichtlichen Steins sind wissenschaftlich bewiesen. Im Volksmund nennt man diese Steine auch Opfersteine.

Bei der Weggabelung geht es rechts weiter, der Forstsee ist gut beschildert. Weiter auf der Nordseite des Sees, entlang des Zuflussbächleins zum Techelsberger Kleinsee. Anschließend führt der Wanderweg 14 zurück in Richtung Westen bis zur Straße. Diese überquert man und geht zurück zum Saisser See. Für diese Runde sollte man 3 Stunden einplanen.

Schaukraftwerk

Wie kommt der Strom in die Steckdose? Am Wörthersee wird diese Frage beantwortet. Direkt unterhalb vom Forstsee, zwischen Pörtschach und Velden an der B 83 gelegen, befindet sich das Schaukraftwerk Forstsee der Kelag. 1925 ging es ans Netz, heute werden noch 3 Millionen Kilowattstunden Strom pro Jahr produziert. Das Krafthaus selbst ist von einem der bekanntesten Wörtherseearchitekten, Franz Baumgartner, im Jugendstil geplant worden. Auch im Inneren ist Kunst zu finden: Giselbert Hoke gestaltete eine 7 mal 11 Meter große Emailwand in der Maschinenhalle. Und häufig ist das Kraftwerk spannende Location für Ausstellungen zeitgenössischer Künstler.

→ ***Schaukraftwerk Forstsee***
Saag 15
9220 Techelsberg
Öffnungszeiten:
Von Ende April bis Oktober, täglich von 10 bis 18 Uhr. Montag Ruhetag, außer im Juli und August.
Tel. (0463) 525-5231

Maltschacher See und Flatschacher See

Der Maltschacher See liegt 3 Kilometer südöstlich von Feldkirchen. Mit 12,9 Hektar und einer maximalen Tiefe von 6,7 Metern zählt er zu den kleineren, aber warmen Badeseen. Bis zu 27 Grad Wassertemperatur erreicht auch der Flatschacher See. Er liegt 2,5 Kilometer nordwestlich der Tiebelstadt. Mitten im Landschaftsschutzgebiet wird der 3 Hektar große und 3,4 Meter tiefe Badeteich im Süden durch einen Damm aufgestaut. Das nährstoffreiche Wasser wird am Seezufluss durch einen kleinen Vorteich gefiltert, um die Wasserqualität zu verbessern und Algen einzudämmen.

Mit sprudelnden Wassern gewaschen. Sandburg mit Aussicht, das ist in den Gratis-Strandbädern an beiden Badeseen Programm. Die familienfreundlichen Bäder haben die Sandkästen so angelegt, dass sich schon die Kleinsten – oder die Eltern beim Aufpassen – am Ausblick über den See erfreuen können.

Den Maltschacher See umgeben sanfte Hügel. Die Senke südlich des Glantales entstand im frühen Erdaltertum, ist Teil der Gurktaler Decke und eiszeitlichen Ursprungs. Der See selbst wird aus Quellen gespeist. Über das angrenzende Niedermoor und den Maltschacher Bach entwässert er und sorgt für Wasser im nahen Strußnigteich. Dieser ist erst im 18. Jahrhundert durch das Aufstauen von flachen Senken entstanden.

Ruheoase im großzügigen Strandbad am Flatschacher See

Wer heute über den See blickt, sieht kaum mehr, dass der prächtige Schilfgürtel in großer Gefahr war. 1975 wurde hier der asiatische Amurkarpfen eingesetzt. Die Tiere vernichteten die Wasserpflanzen und das Schilf nahezu komplett. Schwebealgen kamen auf und färbten das Wasser grünbraun. Seit 20 Jahren ist der See frei von den Amurkarpfen und die Vegetation erholt sich wieder.

Obwohl es im Umkreis Hotels und ein großes autofreies Feriendorf gibt, bleibt der Maltschacher See eher Einheimischen vorbehalten. „Früher, als es in den Häusern noch keine Bäder gab, war der See abends immer gut besucht", erzählt mir Albert Strießnig, der in unmittelbarer Nachbarschaft wohnt. „Die Arbeiter sind vom Feld gekommen und haben sich hier gewaschen. Oft mit Hirschseife. Wir Kinder sind dann durch die Seifenreste geschwommen."

Im Winter lockt der Maltschacher See mit einer dicken Eisdecke zum Stockschießen und Eislaufen. Ein Highlight ist der jährliche Silvesterpfad am Abend des 31. Dezember. Rund um den See laden örtliche Vereine und Betriebe zu einem Glückwunschspaziergang mit Fackeln entlang des 3,6 Kilometer langen Rundweges mit Feuerstellen und Neujahrstraditionen.

Auch am Flatschacher See liegt das Augenmerk weniger auf den Bademöglichkeiten am gepflegten und mit Bäumen bepflanzten Strand, sondern auf den Erlebnissen rund herum. Bereits 2007

auf Albert Striеßnig treffe. Ein kurzes Stück über eine geschotterte Straße sehe ich den Stein und ein Hinweisschild zu den Tiebelquellen im Wald. Bis zum kleinen Infopunkt könnte man auch mit dem Auto fahren und hier parken. Dann führt die Strecke entlang der Turracher Straße B 95 durch den Ortskern, zirka 2 Kilometer weiter biegt man links nach Tiebel ab. Die Kreuzung ist klein beschildert. Es erwartet mich ein regelrechter Märchenwald, der vom Rauschen der kleinen Bäche erfüllt ist. Ein schmaler Weg mit Holzbrücken führt durch das Quellgebiet. Dieser geheimnisvolle Ort soll Heimat der Wassergeister, Nymphen, Nixen und Kärntner Bachmandln sein. Letztere standen im Verruf, Kinder zu entführen, eine willkommene Mär der Erwachsenen, um die Kleinen vom Wasser fernzuhalten. Der Glaube an Naturgeister hat sich hier allerdings gehalten. Am Weg findet man Altärchen mit Kerzen, Figuren und Kleingeldopfergaben.

Albert Strießnig ist begeistert von der Schönheit und Kraft der Tiebelquellen. Er hat dem Naturschauspiel sogar ein Gedicht gewidmet.

Zauberhaft sind auch kleine Picknick-Stellen, Wasserräder, Bänke und Mühlsteine, die zum Verweilen einladen. Strießnig, der ein bekannter Sänger und Komponist ist, schwärmt von einem der schönsten Plätze der Welt. Er hat den Tiebelquellen deshalb das folgende Gedicht gewidmet, das vertont bald in den großen Reigen der Kärntner Lieder aufgenommen werden wird.

Die Tieblquelln in Himmlberg

Beim Ursprung drinn in Himmlberg
vaweilt man ållweil gern.
Die Quelln entspringan übaåll,
man kånn sie rauschn hern.
Aus Fels und Moos, vom gånzn Berg,
vom Brünnlan, dås då steht,
rinnt's klår hervur, suacht seinen Weg,
bevor's durt weita geht.

Im Gråbn wern die Quelln zan Båch,
der Mühln und Saglan treibt.
A schaut man gern dem Gatta zua,
wånn es die Bama schneit.

Dås Wåssa gibt an Kråft zan Lebn,
es mächt die Sinne weit,
dås Fischle springt, die Bleamlan blian,
a jeda drån sich g'freit.

Die Tiebl håt an bratn Weg,
fliaßt in den Poitschachgråbn.
Durt treibt sie noch a Werkle ån,
dås muass man g'segn håbn.
Durch's Stadtle rinnt sie mittn durch,
teilt sich, kimmt wieda zåmm,
vorbei beim Kirchlan, Bam und Staudn
am See, då kimmt sie ån.

Regionale Küche direkt am See

Auf die Auszeichnung „Kärntner Genusswirt 2015/16" sind Josef und Claudia Spieß besonders stolz. Gekocht wird saisonal und regional. Vor allem die Fischsuppe ist unter Gourmets bekannt. Die Küche und die wetterfeste Seeterrasse ist bei Einheimischen äußerst beliebt.

→ ***Seewirt Spieß***
Maltschach 2
9560 Feldkirchen
Tel. (04277) 2637
Öffnungszeiten: Von Mai bis September täglich geöffnet. Fünfwöchige Winterpause im Jänner. Ab Mitte Februar bis April und von Oktober bis Dezember ist von Donnerstag bis Sonntag geöffnet.
www.seewirt-spiess.com

Bauernschmaus

Die Tiere am Bauernhof hautnah erleben, das hat es den Kindern besonders am Kölblhof angetan. Auch die selbst produzierte Jause ist ein Genuss. Man sollte aber unbedingt die Nachspeise „klana Mamas Reindling" probieren. Der Familienbetrieb verkauft seine Produkte jeden Freitagnachmittag ab Hof.

→ ***Kölblhof***
Maltschach 1
9560 Feldkirchen
Tel. (04276) 23 65

→ ***Öffnungszeiten Buschenschank***
1. Mai–25. Mai
6. Juni–5. Juli
13. Juli–22. August
Täglich von 15 bis 22 Uhr
www.buschenschank-koelbl.at

Führungen bei den Tiebelquellen

Christa Kröndl führt gegen Voranmeldung durch die *Mehlteurer Mühle,* das Venezianergatter und zu den Tiebelquellen.

→ ***Kontakt: Tel. (0664) 8609430***

Die *Sensenschmiede* kann man mit Hans Slivsek erkunden.

→ ***Führungen gegen Voranmeldung unter Tel. (04276) 2254.***

Fischgenuss an der Quelle

Oberhalb der Tiebelquellen befindet sich die Forellenstation Pluch. Insider schwören auf die unkapriziöse, aber perfekte Zubereitung der Forellen, die in den eigenen Teichen gezüchtet werden. Am 300 Jahre alten Hof werden die Fische traditionell in viel Butter in der Pfanne gebraten und ins Rohr geschoben.

→ ***Forellenhof Pluch***
Tiebel 15
9562 Himmelberg
Öffnungszeiten:
Täglich 11 bis 14 und 17 bis 21 Uhr,
Sonn- und Feiertag 11 bis 22 Uhr.
Dienstag Ruhetag.
Tel. (04278) 228

Goggausee

Der Goggausee ist nur 10,51 Hektar klein, aber ein großes Naturjuwel. Seine windgeschützte Lage in der Gemeinde Steuerberg, mitten in den Wimitzer Bergen auf 770 Meter Seehöhe, macht ihn trotz seiner geringen Tiefe von maximal 12 Metern zu einem meromiktischen Gewässer. Seine tierischen Bewohner können damit leben. Hier fühlen sich die seltenen und unter strengem Naturschutz stehenden heimischen Muschel- und Edelkrebspopulationen wohl. Ein Schatz, den es zu bewahren gilt, weshalb Schwimmer zwar in dem mit vielen Blumen hübsch gestalteten öffentlichen Bad willkommen sind, aber ihre Luftmatratzen und Schlauchboote zu Hause lassen müssen.

Eine wahre Perle der Natur. Auf unseren heutigen Speisekarten werden Muscheln gerne zu den Meeresfrüchten gezählt. Damit stehen sie wohl in der Wahrnehmung der meisten Genießer Algen näher als Fischen. Selbst für mich war die biologische Zuordnung nicht ganz klar, bis ich auf Markus M. Taurer traf. Der Villacher Internist hat nämlich auch einen Doktortitel in Biologie und seine Dissertation brachte ihn wiederum unter Wasser zu den heimischen Süßwassermuscheln. „Mein Doktorvater hatte diese Idee", erzählt Taurer vom Beginn einer Leidenschaft, die ihn nicht mehr loslässt und zum profunden Experten gemacht hat. Damit eines ganz klar ist: Muscheln sind Tiere.
„Obwohl Muscheln bei üblicher Betrachtungsweise einen sehr ortsstabilen Eindruck machen, sind sie doch keineswegs immobil", klärt Taurer auf. Furchenartige Wanderspuren auf dem Seegrund zeugen von ihren „Ausflügen". Folgt man diesen kleinen Gräben, findet man nach einem Meter oder etwas mehr immer eine Muschel. „Die Muscheln schaffen das mit einem muskulösen Fuß", lässt mich Taurer staunen. Aus dem Wasser kommen sie aber nicht, das würden sie vermutlich auch nicht wollen. Denn die Muscheln sind dermaßen auf die explizite Zusammensetzung ihres Heimatgewässers fixiert, dass ein Umsetzen, ja sogar eine Untersuchung unter Laborbedingungen, nahezu unmöglich ist.

Fatale Rettung. So behalten die Muscheln einerseits viele Geheimnisse ihres Lebens und Alltags für sich, können aber auch nicht „gerettet" werden, wenn es in ihrem Heimatgewässer zur Katastrophe kommt. Wie man bei einer der größten Muschelrettungsaktionen Kärntens im Lepuschitzteich bei Wernberg erfahren musste. Der Teich beherbergte eine herausragende Population der Großen Teichmuschel *(Anodonta Cygnea)* mit beeindruckenden Schalenlängen von bis zu 22,1 Zentimetern und einem Nassgewicht von 940 Gramm. Im November 2003 wurde der Teich für eine Ausbaggerung trockengelegt und man evakuierte in einer mehrwöchigen Rettungsaktion Hunderte Muscheln. Doch umsonst. Die wissenschaftliche Publikation von Taurer und Robert A. Patzner, die diesen Fall aufgearbeitet haben, liest sich wie die Niederschrift eines Massakers. Jene Muscheln, die Helfer nicht retten konnten, zogen sich erst

Durch Gourmets gefährdeter ist der ebenfalls streng geschützte Edelkrebs, der auch im Goggausee eine geschützte Heimat gefunden hat. Der einst als „Arme-Leute-Essen“ geltende und häufig vorkommende heimische Krebs ist heute nur noch selten zu finden. Schuld daran ist der mit Schiffen nach Europa eingeschleppte Nordamerikanische Signalkrebs. Dieser ist nicht nur robuster im Köperbau und aggressiver im Verhalten. Der Signalkrebs ist vor allem resistent gegen die Krebspest. Die Krankheit kam mit den Tieren aus Übersee und vernichtete nahezu sämtliche Populationen der heimischen Krebsarten.

Der zuflussarme Goggausee ist mit seiner hohen Lage vor tierischen Einwanderern wie Signalkrebs oder Wandermuschel geschützt. Ebenso blieb das Gewässer von der Krebspest verschont. Damit das auch so bleibt, hat Besitzer Eckart Senitza besonders strenge Regeln zur Erhaltung dieses besonderen Gewässers aufgestellt. So bittet er Badegäste unter anderem darum, wenig Sonnenöl zu verwenden, da dieses das Gewässer belastet. Tauchen und freies Bootfahren ist ebenfalls verboten. Außerdem dürfen keine Badetiere, Luftmatratzen oder ähnliches verwendet werden. Der Grund: Die Wandermuschel, auch Dreikant- oder Zebramuschel *(Dreissena Polymorpha)* genannt, vermehrt sich anders als heimische Großmuscheln. Die Larven heimischer Muschelarten heften sich an Fische. Nach einiger Zeit fallen sie ab, verkapseln sich und eine Muschel wird geboren. Die Wandermuschellarven sind freischwimmend und haften sich mit Byssusfäden auch an Boote oder sogar Luftmatratzen und können so von einem zum anderen See siedeln. Einmal eingeschleppt, setzt sich die Wandermuschel auf Teich- und Malermuscheln. Sie überwuchert die heimischen Muschelarten, sodass diese unter ihnen sozusagen ersticken.

Das kleine Strandbad am Naturjuwel Goggausee ist liebevoll hergerichtet.

Weitere Regeln am Goggausee sollten nicht nur in diesem kleinen Paradies gelten, sondern Wanderer, Naturgenießer und Badegäste immer beherzigen: Müll, dazu gehören auch organische Reste wie Bananenschalen oder „Kleinigkeiten“ wie Zigarettenstummel, darf gerne in geeigneten Behältnissen entsorgt werden und nicht in der Natur oder gar im Wasser.

Wer das beherzigt, kann im gemeindeeigenen Strandbad am Goggausee einen idyllischen Badetag genießen. Erst kürzlich wurden gut überschaubare Liegeterrassen angelegt, der Sandspielplatz gleicht einem Kunstwerk. Eltern können hier ihre Kinder gut im Blick behalten. Der prächtige Blumenschmuck am Gelände heimst immer wieder Wettbewerbspreise ein.

Das Springen von Bäumen am steil abfallenden Ufer ist verboten. Mutigen steht jedoch eine Sprungplattform zur Verfügung.

Gemeindebad Goggausee

Direkt an der L 80 Goggau-Landesstraße gelegen ist das Goggausee-Gemeindebad kaum zu verfehlen. Das Bad lockt von Mai bis Juli mit einer liebevollen Gestaltung und einer Sicht auf unverbaute Uferflächen des Goggausees.

→ ***www.steuerberg.at***

Bösensteiner Wasserfall

Nahe dem idyllischen Goggausee fällt ein kleiner Wildbach über eine Steilwand in die Tiefe. Dieser sattgrüne Kraftort ist von Niederwinklern, ab dem Gasthof Prodinger, über einen beschilderten Weg in nur 5 Minuten Gehzeit zu erreichen.

Krebse essen in Kärnten

Die heimischen Krebsarten Edel-, Dohlen- und Steinkrebs stehen unter strengem Naturschutz. Um in den Genuss von Krebsen zu kommen empfiehlt sich ein Ausflug in den Osten von Kärnten. Im Lavanttal am Fuß der Koralpe züchtet Manfred Strasser den gefährdeten Edelkrebs für Wirte und Privatpersonen zum Verzehr. Wer Strasser in seiner rund einen Hektar großen Wasserfarm besucht, bekommt nicht nur Tipps und wertvolle Infos zum Leben der Krebse. Hier gedeihen auch 20 Exemplare der unter Naturschutz stehenden Europäischen Sumpfschildkröte. Strasser züchtet die Krebse aber nicht nur für Gourmets, sondern vor allem, um diesen gefährdeten Arten zu helfen, in ihrem ursprünglichen Lebensraum wieder Fuß zu fassen.

→ ***Edelkrebszucht Strasser***
9421 Eitweg 216
Tel. (04355) 3433
www.krebszucht-strasser.com

Moosburger Teiche

Gleich drei Teiche – der Moosburger Mühlteich, der Mitterteich und der Damnigteich – liegen in die flach hügelige Landschaft westlich von Moosburg eingebettet. Der Abfluss ist unzureichend, weshalb das Gelände rundherum stark versumpft ist. Die Teichlandschaft umgibt ein 204 Hektar großes Landschaftsschutzgebiet. Das moorige Wasser wird vom kleinen Stallhofener Bach gespeist, der jedoch im Sommer völlig austrocknet. Gebadet wird im Mühlteich.

Vogel Strauß mit Ausblick. Ohne Moos nix los?! Obwohl das heute auf so manche Adelsgeschlechter zutreffend wäre, die zwar einige Kärntner Seen und Burgen besitzen, sie aber finanziell nur schwer erhalten können, ist die Redewendung in Moosburg nicht wirklich zutreffend. Einerseits stammt das „Moos" als Bezeichnung für Geld vom hebräischen Wort *ma'oth* ab und das Moos in Moosburg vom althochdeutschen Wort für Moor. Andererseits versucht man, das Schloss Moosburg als Hotel, Restaurant und mit einer Straußenfarm attraktiv zu halten.

Moment! Strauße auf einem Kärntner Schloss? Die Hotelpächter Franz und Evelin Leitgeb brachten ihre Tiere 2013 kurzerhand mit in den Schlosshof. Seitdem ist die Farm eine zusätzliche Attraktion. Die Strauße tummeln sich in einem großen Gehege im Schlossgarten mit Blick auf die Moosburger Teiche. Junge Tiere wie auch Elterntiere leben hier, und sie sind unfassbar neugierig. Steht man am Zaun, kommen alle sofort herbeigelaufen. Auf alles Glitzernde, also auch auf Brillen, sollte man aber aufpassen, die Strauße lieben es und futtern selbst Münzen, was den Tieren natürlich schaden würde.

Bei Führungen verrät Franz Leitgeb interessante Details über Strauße. Die schnappenden Schnäbel sind bei den Tieren gar nicht das Gefährlichste. „Das zwickt nur ein bisschen. Die Krallen am Fuß sind es. Damit fahren sie hoch und können selbst einen Löwen aufschlitzen", so Leitgeb. Seine Strauße sind aber freundlich gesinnt. Der raue Charme des Züchters verbirgt ein tierliebendes Herz, wie man bald erfährt. So wohnt in seinem Schlosstiergarten mit Ziegen und lustig schnarchenden Hängebauchschweinen auch ein Emu, das er aus einer verwahrlosten Haltung gerettet hat.

Straußenkinder sind neugierig. Vor allem auf glitzernde Dinge haben sie es abgesehen.

Im Schlossrestaurant wird neben regionalen Produkten sogar eine Jause vom Strauß serviert. Schon Hildegard von Bingen (1098–1179) soll das Straußenfleisch als besonders gesund bezeichnet haben. Ob die berühmte Äbtissin Hildegard zu ihren Lebezeiten tatsächlich Strauße gesehen hat, scheint mir persönlich doch fraglich. Allerdings sind Straußeneier in Afrika und in arabischen

Ländern schon bis zu 9 Jahrtausende vor Christus beliebt gewesen, wie Archäologen herausgefunden haben. In Europa fanden sich Straußeneier als Grabbeigaben in Italien und im griechischen Mykene. Auf jeden Fall ist Straußenfleisch mit nur 1 Prozent Fett und 114 Kalorien pro 100 Gramm eine gesunde Alternative. Auf Schloss Moosburg wird sogar Straußensalami hergestellt.

Romantischer Ort mit Geschichte. Nachdem das Schloss einige Zeit im Dornröschenschlaf versunken war, haben es die Leitgebs mit Liebe und Engagement wieder wachgeküsst und für Gäste zugänglich gemacht. Es ist ein beliebter Ort für Hochzeiten, da man hier auch übernachten kann. „Schlossgespenst haben wir aber keines", versichert Leitgeb.

Schloss Moosburg wurde kurz nach 1514 von Leonhard von Ernau erbaut. Ihm war die benachbarte, uralte und gleichnamige Burg zu unbequem geworden. Die Familie protestantischen Glaubens musste den Besitz 1630 jedoch verkaufen und außer Landes gehen. Johann Weber, ein streng katholischer Unternehmer, erwarb das Schloss und katholisierte die kleine protestantische Schlosskapelle umgehend. Heute noch sind die alte bemalte Kassettendecke und die Holzempore erhalten. Das Altarbild zeigt die Flucht der Heiligen Familie aus Ägypten, ein selten dargestelltes Thema. 1708 ging das Schloss in den Besitz der Adelsfamilie Goëss über. Im Schlosshotel sind zahlreiche weitere historische Stücke gut erhalten. Bemerkenswert sind die Stuckaturen aus dem späten 16. Jahrhundert im zweiten Stockwerk. Sie zeigen Darstellungen von Papst Sixtus V., Kaiser Rudolf II., Sultan Murad III. und des Großmuftis. Diese ungewöhnliche Kombination sollte kurz vor den ausbrechenden Türkenkriegen wohl die Hoffnung auf Frieden zeigen.

Vom Parkplatz des Schlosses kann man einen kleinen Spazierweg hinunter zu den Schlossteichen nehmen.

Der romantische Innenhof von Schloss Moosburg wird auch gerne für Hochzeitsfeste genutzt.

Der Weg führt an einem idyllisch gelegenen Campingplatz vorbei bis zum Dammwirt, der genau zwischen dem 17 Hektar großen Mitterteich und dem 4 Hektar großen Mühlteich liegt. Vor allem der Mitterteich verzaubert: Seine Bauminseln laden zum Träumen ein und lassen den Teich nahezu endlos erscheinen. Das moorige Wasser ist bräunlich und verleiht den Teichen einen ganz besonderen Charakter.

Rund um die Moosburger Teiche gibt es viele Gelegenheiten zum Wandern, Spazieren und Reiten.

Streitbarer Kaiser. Hier ist auch schon ein Kaiser gewandelt. In der Zeit des 8. bis ins 10. Jahrhundert, der Hoch-Zeit der Karolinger, war Moosburg besonders bedeutend. Der spätere Kärntner Herzog, ostfränkische König und römisch-deutsche Kaiser Arnulf von Kärnten (geboren um 850) wuchs hier auf. Die Ruinen der Burg Arnulfsfeste, im Volksmund Mosaburch genannt, sind heute noch nahe der Moosburger Teiche zu sehen. Erhalten ist von der stark verfallenen Anlage lediglich der Burgfried, der 2002 durch den örtlichen Karolingerverein neu vermessen und renoviert wurde. Der Zugang ist durch den Grundstücksbesitzer jedoch untersagt.

Der Kaiser war stets mit seiner Heimat verbunden und soll 888 auch das Weihnachtsfest in der Arnulfsfeste gefeiert haben. Arnulf war ein unehelicher Sohn des Karolingers Karlmann. Seine Mutter Liutswind wurde als Geliebte von Karlmann nur bekannt, weil Arnulf nach ihrem Tod den Hof Erding, den sie einst zu Lehen hatte, der Salzburger Kirche schenkte und dabei ihren Namen erwähnte. Ihre Abstammung ist nicht bekannt, man vermutet aber, dass sie als Geliebte eines Prinzen würdig war – was auch immer das heißen soll. Arnulf stieg die adelige Karriereleiter trotzdem empor: 875 wurde ihm das Plattensee-Fürstentum unterstellt. Als Vater Karlmann König von Baiern wurde, übertrug er Arnulf die Verwaltung Karantaniens (des heutigen Kärntens). Er hatte jedoch auf mehreren Fronten zu kämpfen. Mit Svatopluk I. von Mähren führte er Krieg in der heutigen Slowakei. Mit ihm schloss er Frieden, Svatopluk suchte später als Taufpate für Arnulfs illegitimen, aber erstgeborenen Sohn den schönen Namen Zwentibold aus. Mit Unterstützung der Slawen kämpfte Arnulf später erfolgreich gegen seine eigenen Onkel und

wurde ostfränkischer König. Er schlug in einer Schlacht bei Löwen in Flandern die Normannen und Wikinger vernichtend. Mehrmals besetzte er Italien und rang um die Königswürde. 896 hatte er Erfolg und er wurde von Papst Formosus zum Kaiser gekrönt. Das brachte ihm in Rom keine Freunde und seine Krönung wurde später auch für nichtig erklärt. Arnulf hatte da aber schon weitere politische Züge im Sinn. 899 starb er in Folge eines Schlaganfalls.
Die teils blutige Familiengeschichte der Karolinger, die selbst die fiktive Handlung der TV-Serie „Game of Thrones" in den Schatten stellt, wird im Karolingermuseum in Moosburg aufgearbeitet. Neben archäologischen Funden gibt es auch einen Karolingergarten zu sehen, der dieser Epoche nachempfunden ist.

Eines der beliebtesten Fotomotive an den Moosburger Teichen: die alte Stelzenhütte.

Schloss mit Straußenfarm

Das Schloss Moosburg kann man im Rahmen des Hotelbetriebs auch besichtigen. Es wird gerne für romantische Hochzeitsfeiern gebucht.

→ ***Schloss Moosburg und***
Straußenfarm Anderle
Schloß 1
9062 Moosburg
Tel. (04272) 83206
www.schloss-moosburg.at

Geschichte eines Kaisers

Zahlreiche Vitrinen, Waffen und Fundstücke erzählen von der Geschichte der Karolinger und von Kaiser Arnulf.

→ ***Karolingermuseum***
Krumpendorfer Straße
9062 Moosburg
Tel. (04272) 83090
Eintritt: freiwillige Spende

→ ***Öffnungszeiten: 15. Juni bis 15. September,***
Montag bis Samstag 10 bis 12 und
15.30 bis 18.30 Uhr.
Sonntag 10 bis 12 Uhr.
Außerhalb der Öffnungszeiten
auf Anfrage (auch im Winter).

Zwischen den Teichen

Im Sommer finden beim Dammwirt Kulturveranstaltungen statt. Der angeschlossene Campingplatz genießt ebenso wie die regionale Küche einen guten Ruf.

→ ***Zum Dammwirt***
Pörtschacher Straße 7
9062 Moosburg
Tel. (0664) 1060014
www.dammwirt.at

→ ***Öffnungszeiten:***
Juli und August täglich ab 10 Uhr.
März bis Juni und September bis Oktober
Dienstag Ruhetag.
November bis Februar geschlossen.

Keutschacher See

Der größte See des Keutschacher Seentals hat eine Fläche von 1,3 Hektar. Vor allem seine hohen Wassertemperaturen um die 25 Grad machen das 2 Kilometer lange, 1,1 Kilometer breite Gewässer im Sommer beliebt. Am Südufer bei Dobein dominieren FKK-Strände. Von Jänner bis März friert der Keutschacher See regelmäßig zu. Der See ist jedoch in privater Hand und wird nie offiziell zum Eislaufen freigegeben. An der tiefsten Stelle misst er 15,6 Meter. Die ausgedehnten Moor- und Feuchtflächen bieten vielen Tieren und Pflanzen Zuflucht und wurden 2005 zum Ramsar-Schutzgebiet erklärt. Gespeist wird der See durch den Rakoza- oder Rodabach, der zuvor durch den Hafnersee fließt.

Untergetauchte Weltkultur. Was haben die Inkastadt Machu Picchu, die Pyramiden von Gizeh und uralte Holzpflöcke im Keutschacher See gemeinsam? Sie dürfen sich alle UNESCO-Weltkulturerbe nennen. Am Ende der Jungsteinzeit wohnten im Keutschacher See Menschen in einer ganz besonderen Art und Weise. Im Bereich einer Untiefe mitten im See, die damals sogar eine Insel gewesen sein könnte, schlugen die Siedler unzählige Pfähle in den Untergrund und errichteten darauf Häuser. Bereits 1864 wurde diese neolithische Siedlung von Ferdinand von Hochstetter entdeckt. Dieser hat Kärntner Seen nach Funden des Altertumsforschers Ferdinand Keller in der Schweiz, der als Vater der Pfahlbauforschung gilt, systematisch durchforstet. Dabei ging er jedoch nicht so sorgsam vor, wie es Archäologen heute für gewöhnlich machen. „Ziemlich brutal hat er den See mit Schleppnetzen durchzogen“, erzählt Lieselore Meyer vom Kuratorium für Pfahlbauten. Hochstetter glaubte, auch im Rauschelesee, im Wörthersee, im Ossiacher See und im Längsee auf Überreste von Pfahlbauten gestoßen zu sein, konnte das aber nicht ausreichend belegen. Mittlerweile wurde im Hafnersee der Nachweis für eine Pfahlbausiedlung erbracht. Sie stammt, ähnlich wie jene im Keutschacher See, aus der Zeit um 4000 vor Christus.
Im Keutschacher See stieß er auf, 1684 Pfähle und größere liegende Hölzer, die auf einer Fläche von 65 mal 30 Metern verteilt waren und mittlerweile alle kartiert wurden. 1952 gab es die erste umfassende interdisziplinäre Untersuchung durch das Österreichische Bundesdenkmalamt. Mit der C14-Methode konnte bislang nur eine grobe Alterseinschätzung gemacht werden. Eine neue Baumringanalyse hat die Stämme erstmals sicher mit der Jungsteinzeit datieren können. Kürzlich hat man herausgefunden, dass die jüngsten Teile der Siedlung aus den Jahren 3946/47 vor Christus stammen. Das macht sie zur ältesten bekannten Pfahlbautensiedlung in Österreich. Seit 2011 befindet sich die urgeschichtliche Siedlung inmitten des Keutschacher Sees auf der Liste des UNESCO-Welterbes. Gemeinsam mit vier urgeschichtlichen Pfahlbausiedlungen am Mondsee und Attersee in Oberösterreich gehört die Pfahlbausiedlung im Keutschacher See zum österreichischen Teil des UNESCO-Welterbes „Prähistorische Pfahlbauten um die Alpen“.

Die prähistorische Pfahlbautensiedlung im Keutschacher See wurde von den Forschern millimetergenau vermessen.

Site-Managerin Meyer hat die Aufgabe, dieses Weltkulturerbe in der Öffentlichkeit sichtbar zu machen. Das ist schwierig, da die eigentliche Attraktion unter Wasser liegt und dort noch dazu ein strenges Tauchverbot herrscht. „Selbst wir müssen die Bürokratie durchlaufen, wenn wir für das Monitoring oder Forschungen abtauchen wollen", verrät sie. Der schon fast paranoide Schutz – nicht einmal der genaue Fundort wird öffentlich verraten – hat seine Gründe. In den 1970er-Jahren kam es zu regelrechten Plünderungen, nachdem eine deutsche Fachzeitschrift den Keutschacher See als besonders „ergiebig" gepriesen hatte. „Klassische Schätze gibt es hier nicht. Für uns ist die Fundstelle aber unendlich wertvoll. In Lufteinschlüssen haben Nahrungsreste, Stoffe und Pollen die Zeit überstanden. Sie geben uns Einblick in das Leben in der Jungsteinzeit."

Steinzeitliches Industriegebiet? Vor rund 10 000 Jahren, während des Rückzugs der Würm-Vereisung, haben sich der Keutschacher See und seine Nachbargewässer gebildet. Damals war die gesamte Talsohle ein einziges weites Moor. „Der Wasserstand dürfte damals niedriger, die Temperaturen wärmer gewesen sein", schildert Archäologe Paul Gleirscher in seinem Buch „Pfahlbauten in Kärnten, Slowenien und Friaul" die Lebensumstände in der 6000 Jahre alten Siedlung. Insgesamt hat man mehr als 100 solcher Pfahldörfer im Alpenraum entdeckt. Auch im benachbarten Hafnersee gibt es Funde, ebenso werden Siedlungen im Wörthersee vermutet. Wie diese jedoch genutzt wurden, ist noch immer ein Rätsel. Prähistoriker Cyril Dworsky, der die Forschung der Pfahlbauten im Naturhistorischen Museum in Wien vorantreibt: „Man war mit dieser Inselstellung gut sichtbar. Das spricht für eine Jagdstation." Nicht ausgeschlossen ist die Nutzung als permanente Siedlung. Der exponierte Standort wäre strategisch gut gewählt. Bei Angriffen hätte man die Feinde, die ja erst über das Wasser mussten, sofort gesehen. Der See bot nicht nur Übersicht, sondern auch Schutz.
Die Kost im Dorf war recht abwechslungsreich: Es dürfte Viehzucht gegeben haben. Die Experten konnten coprophile Pilze, die nahezu

ausschließlich auf Tierexkrementen leben, nachweisen. Neben Knochenfunden von Hirsch, Reh und Wildschwein wurden auch Reste von Rind, Schaf, Ziege und Hausschweinen entdeckt. Abgerundet wurde die prähistorische Küche mit Wildfrüchten, Getreide und Haselnüssen. „Den Menschen dürfte es aber nicht sonderlich gut gegangen sein", so Dworsky. „Wir haben Eier von Spulwürmern gefunden. Das heißt, die Menschen hatten Durchfall."
Reste von Kupferschmelze in Keramikgefäßen und auf einem Gusslöffel zeugen von einer Kupferverarbeitung in Keutschach. Die Legierung war in der Übergangsphase von der Stein- in die Metallzeit immer wichtiger. Alltagswerkzeuge wie Klingen und Beile wurden jedoch noch aus Stein, Knochen und Geweihstücken gefertigt. Dworsky hat weiters die Theorie, dass es sich hier um einen prähistorischen Industriebetrieb gehandelt haben könnte. „Die Holzhütten mit Strohdächern fingen leicht Feuer, was auch immer wieder passiert sein muss. Draußen am See würde so ein Feuer zwar einige Hütten kosten, jedoch nicht auf eine Hauptsiedlung am Ufer übergreifen", spekuliert der Experte.

Geschichte zum Angreifen beim Welterbefest „Steinzeit am See" in Keutschach. Hobbyhistoriker zeigen eine jungsteinzeitliche Technik des Tonbrennens.

Einbaum. Es gibt eben nach wie vor zahlreiche offene Fragen, die den Forschern Kopfzerbrechen bereiten. „Deshalb ist es so wichtig, dieses Erbe zu schützen. Wer weiß, in 60 Jahren hat man vielleicht andere Methoden und kann noch mehr herausfinden", sagt Meyer.
Um das Bewusstsein für das historische Erbe zu schärfen, finden in regelmäßigen Abständen „Welterbefeste" in Keutschach statt. Dort zeigen Vereine und Forscher Handwerkstechniken, Kleidungen und Rezepte, die in dieser Zeit üblich waren. So entstand auch ein Einbaum. Das kanuähnliche Boot wurde aus einem einzigen Holzstamm gehauen und gilt heute noch als verbreiteter Bootstyp bei indigenen Völkern. Die ältesten gefundenen Einbäume in Europa sind an die 8000 Jahre alt.
Moderne Boote machen hingegen das Leben von Lieselore Meyer schwer. Die versunkene Steinzeitstadt im Keutschacher See wird durch sie empfindlich gestört. Manchmal verheddern sich auch

Angelhaken und des Fischers Fang ist plötzlich ein steinzeitlicher Pfahl. Deshalb wird nun fieberhaft überlegt, das Weltkulturerbe über das Tauchverbot hinaus zu schützen. Bojen, die diese schützenswerte Stelle markieren, oder Unterwassernetze sollen Abhilfe schaffen. Dabei stehen die Wissenschaftler vor allem tierischen Feinden gegenüber. Zander lieben die Reste der Pfahlbauten, um dort Laichgruben zu graben. Signalkrebse unterminieren die Fläche mit ganzen Tunnelsystemen. „Versuchen Sie doch einmal einem Fisch die Wichtigkeit dieser Fundstätte zu erklären", nimmt es Dworsky mit Humor.

Ausblick über Kärnten

Der Pyramidenkogel liegt zwischen dem Wörthersee und dem Keutschacher See. Auf 851 Meter Seehöhe steht ein 100 Meter hoher Holzturm. Die markante Spirale ist der höchste Holzaussichtsturm der Welt. Das architektonisch interessante Bauwerk lässt sich zu Fuß oder mit einem Panoramalift erklimmen. Oben genießt man eine 360-Grad-Aussicht über nahezu ganz Kärnten. Runter geht es im Inneren der Holzspirale auch schneller, wer möchte, kann die Rutsche nehmen.

→ ***Aussichtsturm Pyramidenkogel***
Linden 62
9074 Keutschach am See
Tel. (04273) 2443
www.pyramidenkogel.info

→ ***Öffnungszeiten:***
März 10–18 Uhr, April 10–19 Uhr,
Mai 9–20 Uhr, Juni, Juli, August 9–21 Uhr,
September 9–20 Uhr, Oktober 10–19 Uhr,
bis 28. Februar Freitag/Samstag/
Sonntag/Feiertag 10–17 Uhr.

Prähistorische Pfahlbauten im Alpenraum

Für Anfragen, Anliegen und Informationen rund um die Pfahlbauten in Keutschach ist Lieselore Meyer zuständig. Informationen über die Geschichte, Hintergründe und News sind auch in der bemerkenswerten

Smartphone-App „Palafittes Guide" gesammelt. Der Audioguide informiert in mehreren Sprachen zu diversen Fundstellen in Europa. Er ist kostenlos in den Appstores erhältlich.

→ ***Kuratorium Pfahlbauten Keutschach***
www.palafittes.at

Hoch zu Ross

Die Moorlandschaft rund um den Keutschacher See kann man auch zu Pferde erkunden. Am Südufer sind Pferde für kurze Ausritte zu mieten.

→ ***Reiterhof Safron***
Plescherken 37
9074 Keutschach
Tel. (0650) 5050257
www.reithof-safron.com

Nackte Tatsachen

Für FKK-Camper und Tagesgäste, die gerne alle Hüllen fallen lassen, bieten die Campingplätze Sabotnik und Müllerhof alles, was das Nudistenherz begehrt. Beide haben weitläufige Strände. Im modernen, kleineren Campingplatz Müllerhof geht es familiär zu und es wird eine Kinderbetreuung geboten.

→ ***FKK Camping Sabotnik***
Dobein 9
Tel. (04273) 2509
www.fkk-sabotnik.at

→ ***FKK Camping Müllerhof***
Dobein 10
Tel. (04273) 2517
www.fkk-camping.at

Kärntner Jause

Rund um den Keutschacher See gibt es viele Buschenschenken, die einen Besuch wert sind. In Kärnten haben diese Direktvermarkter jedoch unterschiedlichste Öffnungszeiten. Merkmal für eine offene Buschenschank ist der (Blumen-) Buschen an den Wegweisern zu den Buschenschenken. Am Bauernhof Sabotnig-Krainz bekommt man neben der selbst gemachten Kärntner Jause vor allem einen hervorragenden Wacholderschnaps.

→ ***Buschenschenke Krainz***
Dobein 5
9074 Keutschach
Öffnungszeiten: Mitte Mai bis Mitte September mit einer Unterbrechung im Juni. Täglich von 16 bis 22 Uhr.
www.krainz-hof.net

Süßes

Auf der Sunseit'n – oder Sonnenseite – ist das Café von Wirtin Christina Scheriau gelegen. Sie serviert direkt am Strand süße und vor allem hausgemachte Köstlichkeiten. Für Kinder gibt es einen großzügigen Spielplatz. Achtung: In der Nebensaison variieren die Öffnungszeiten.

→ ***Sunseit'n***
Planschischen 62
9070 Keutschach
Tel. (04273) 20088
www.cafe-sunseitn.at

Rauschelesee, Baßgeigensee und Spintikteiche

Das gesamte Keutschacher Seenbecken war einst von Wasser bedeckt. Vom großen eiszeitlichen See sind vier Reste übrig geblieben – der Rauschele- und der Baßgeigensee, der Keutschacher See und der Hafnersee. Das Einzugsgebiet des Rauschelesees wird durch eine Wasserscheide von jenem des Keutschacher Sees getrennt. Der Rauschelesee zählt mit Höchsttemperaturen von 26 Grad zu einem der wärmsten Seen des Landes. Er misst 19,1 Hektar und ist weitgehend naturbelassen. Gespeist wird er vom Baßgeigensee im Westen, der landschaftlich besonders schön ist.

Schlaue Karpfen. Noch ein klein wenig aufgewühlt liegt der Rauschelesee da. Die ganze Nacht hat es geregnet, der Seespiegel ist um gut 30 Zentimeter angestiegen und hat den Spielplatz am Uferbereich überflutet. Im familiären öffentlichen Strandbad hat ein Fischer seine Unterkunft aufgeschlagen.

„Petri!", rufe ich hinüber und er winkt mich zu sich. Manfred Wernig-Schwarz hat sich für zwei Nächte hier eingerichtet. „An Schlaf war nicht zu denken, so hat der Regen geprasselt", erzählt er mir. Mich fröstelt schon der nasskalte Gedanke daran. Aber was bitte treibt einen Menschen aus seinem schönen warmen Häuschen nächtelang an das Ufer des Rauschelesees? „Die Ruhe, der Frieden, naja, das Glück eben. Das kann man nur hier finden", sagt er. Philosophie im Tröpfelregen.

Wetterfester Fischer Manfred Wernig-Schwarz liebt den Rauschelesee auch bei drei Tage anhaltendem Regenwetter.

Ein lauter Platsch unterbricht unsere Gedanken. Ein Karpfen hat sich aus dem Wasser katapultiert und ist mit unüberhörbarem Klatschen wieder in den See eingetaucht. Das habe ich schon öfter am See beobachtet, doch warum die Karpfen dies tun, ist mir ein Rätsel. „Vielleicht hat das Tier einfach nachgeschaut, ob der Fischer noch da ist?", lacht mein wetterfester Angler neben mir. Wohl eher nicht. Später erklärt mir der Villacher Fischer Walter Rudka, was es mit den springenden Karpfen auf sich hat: „In der Laichzeit ist das Springen besonders oft zu beobachten. Es könnte natürlich mit dem Imponiergehabe der Fische zu tun haben. Vermutlich ist es aber so, dass sich die Fische mit dem Platsch ins Wasser von lästigen Parasiten säubern."

Im amerikanischen Illinois River springen die importierten asiatischen Silber- und Mamorkarpfen übrigens dann, wenn ein lautes Geräusch wie ein Bootsmotor die Tiere erschreckt. Die kiloschweren Fische katapultieren sich bis zu zwei Meter aus dem Wasser, was für Bootsfahrer sogar schon mit Verletzungen geendet hat. Die Gefahr ist hier in Kärnten gering. Kaum ein Tier springt so hoch. Im gesamten 2532 Hektar großen Landschaftsschutzgebiet Keutschacher Seental sind Ruhe und Idylle vorherrschend.

Naturerlebnisse. Der nahe gelegene Baßgeigensee, dessen Name sich von seiner Form ableitet, bietet einige Gelegenheiten zum Wandern und Radfahren. Allerdings erreicht dieser kleine See nie die hohen Badetemperaturen seiner Nachbargewässer. Ihn be- und entwässert der Viktringer Bach und durch die starke Durchströmung kann sich dieser See nicht so stark erwärmen.
Noch mehr Natur und wunderbare Fotomotive zu jeder Tages- und Jahreszeit bieten die nahen Spintikteiche in der Senke des Schrottkogels. Dieser Höhenrücken trennt den Wörthersee vom Keutschacher Seental. Die Teiche sind aus künstlich überstauten Nassflächen entstanden und bilden seit 1959 das Zentrum eines Naturschutzgebiets. Der Obere Spintikteich ist 7,6 Hektar groß und besticht mit vielen Buchten. Er lädt im Sommer auch zum Baden ein. Sein Abfluss mündet in den Unteren Spintikteich, der seine fast rechteckige Fläche auf 1,6 Hektar verteilt und in Privatbesitz ist.

Winzige Wasserbewohner. Der Rundweg um die Teiche führt großteils durch Wald, der bis an das dunkelgrüne Wasser reicht. Auf winzigen Inseln, sogenannten Hochmoorbulten, die sich aus dem Wasser erheben, wachsen Moorkiefern. Aber auch schwimmende Wasserpflanzen, Schilf, Seggen und Schachtelhalme sind zu finden. Kundige Besucher finden überhaupt botanische Seltenheiten. Im Schwarzerlenbruchwald wachsen die Knollige Sternmiere und die Sumpf-Drachenwurz.
Die Spintikteiche haben, neben der wildromantischen Schönheit und ihrer zentralen Lage, eine wortwörtlich winzig kleine Besonderheit zu bieten: Hier lebt ein Planktonkrebs. Der *Acanthodiaptomus denticornis* kommt ansonsten nur in Hochgebirgsseen vor. Grundsätzlich findet sich Plankton in jedem Gewässer in allen möglichen Formen und Größen. Meistens sind die Organismen im Nanoplankton (kleinste Organismen und Bakterien) und im Phytoplankton, das pflanzliche Vertreter beinhaltet, 4 bis 40 Mikrometer klein. Das ist kleiner als der Durchmesser eines menschlichen Haares. Auch Zooplankton, zu dem die Planktonkrebse zählen, ist winzig. Übrigens: In der Wissenschaft gilt jeder Organismus als Plankton, der sich von der Strömung treiben lässt. Dazu zählen sogar die metergroßen Quallen im Meer.

Zauberwald

Familie Reichenhauser hat auf 10 000 Quadratmetern einen Abenteuerspielplatz ganz aus Holz entstehen lassen. Burgen, ein Waldtheater, fliegende Hexen und zahlreiche Märchenfiguren laden zum Entdecken ein. Der Zauberwald steht auch Tagesgästen zur Verfügung und ist vor allem für Familien mit kleineren Kindern empfehlenswert.

→ ***Familienparadies und***
Kinderhotel Reichenhauser
Reauz 3
9047 Keutschach
Tel. (04273) 2325
www.familienparadies-reichenhauser.eu

Spazier- und Wandertouren

Der *Naturerlebnispfad Keutschacher Moor* führt 7 Kilometer lang durch das 50 Hektar große Keutschacher Moor. An 12 Stationen vermitteln Schautafeln einiges Wissenswertes. Start des Rundweges ist das Schloss Keutschach. Er führt auch zu einem Moorturm. Der 10 Meter hohe Aussichtsturm ist Teil einer Moorpavillon-Anlage und nur über den 40 Meter langen Moorsteg zu erreichen. Hier lassen sich Tiere wie Libellen, Schmetterling und Eisvögel beobachten. Zurück geht es rund um den Baßgeigensee. Die Tour dauert etwa 2 Stunden.

Zum vielfältigen Wegenetz rund um die *Spintikteiche* kommt man vom Keutschacher Schloss ebenso wie ab Rauth über den Puntschartteich oder über die kleinen Orte rund um die Teiche. Ab der Schiffsanlegestelle Reifnitz geht es entlang des Wörhersee-Rundwanderweges über den Sekirner Weg in Richtung Osten und links über die Teichstraße auf den Höhenrücken. Nach der Siedlung gelangt man links zu den Spintikteichen und befindet sich auf dem gut beschilderten Rundweg. Nach der Umrundung des kleinen und des großen Teiches geht es wieder zurück nach Reifnitz. Dafür sollte man 3 Stunden einplanen.

→ ***Tourismusbüro 4-Seental Keutschach***
Keutschach 1
Tel. (04273) 24500
www.keutschach.at

Baßgeigensee

Kraiger See

Dieses kleine Idyll findet sich nördlich der Bezirksstadt St. Veit an der Glan. Der Kraiger See ist 5000 Quadratmeter groß, hat eine mittlere Tiefe von 5 Metern und liegt im Landschaftsschutzgebiet „Kraiger Schlösser". Das eiszeitlich geformte Seebecken hat vermutlich schon im Mittelalter als Fischzuchtteich gedient. Damals wurden Seesaiblinge eingesetzt. Diese gibt es heute nicht mehr im See, dafür eine Vielzahl an Brachsen und anderen Fischen. Auch Edelkrebse leben im sauberen Wasser, das im Sommer eine Temperatur von bis zu 25 Grad erreicht.

Gefährliche Schönheit. Zugegeben, beim ersten Mal bin ich vorbeigefahren. Der Kraiger See liegt westlich der L 67 Wimitzer Straße auf Höhe der Ortschaft Überfeld. Die Abzweigung wird leicht übersehen, aber einfach weiterzufahren wäre schade. Der Kraiger See ist ein Ausflugsziel für die ganze Familie und damit sind nicht nur Kinder gemeint. Der Badespaß im schön hergerichteten Strandbad der Pension Kraigersee bietet einen perfekten Ausflug in die Naturidylle. Die Familie Ruhdorfer, in deren Privatbesitz der See ist, betreibt das Bad mit Kinderspielplatz und viel Liebe zur Natur. „Unser See war 1973 der erste See in Mitteleuropa, der in Zusammenarbeit mit dem Kärntner Institut für Seenforschung, damals unter der Leitung von Professor Hans Sampl, eine Tiefenwasser-Ableitung installiert bekommen hat", erzählt Andreas Ruhdorfer. Eingesetzt wurde ein nach dem Limnologen Przemysław Olszewski benanntes Rohr, durch welches das nährstoffreiche, aber sauerstoffarme Wasser abfließen kann. Diese einfache Lösung bewahrt Seen vor der Eutrophierung oder vor dem Kippen.

Schlösser mit Hakenkreuz. Oberhalb des Kraiger Sees führt ein Weg in südwestlicher Richtung zu den Kraiger Schlössern, die Teil einer ganzen Reihe von Herrschaftssitzen waren, die St. Veit einst umgaben. Heute sind davon nur noch die Ruinen der Burgen Hochkraig und Niederkraig zu sehen. Sie stammen aus dem frühen 12. Jahrhundert, als das Adelsgeschlecht der Kraiger als Truchsess, wie man das Amt des Hofhalters nannte, in den Dienst der Herzöge von Kärnten trat. Die Reste der verfallenen Schlösser in dem wildromantischen Tal scheinen, als wären sie einem Sagenbuch entsprungen. Zwischen den Burgen Hoch- und Niederkraig bauten die Truchsesse von Kraig auch ein imposantes Aquädukt, das die Wasserversorgung sicherte. Einige Bögen davon thronen noch heute mitten im Wald über der alten Römerstraße. Der Niedergang der Kraiger Schlösser begann, als die Herzöge St. Veit verließen. Die Familie Khevenhüller kaufte die Besitztümer von Lehensherr Erzherzog Karl 1570. Doch als diese gezwungen wurde, im Zuge der Gegenreformation das Land zu verlassen, gingen sie in das Eigentum des Freiherrn Ludwig Grotta von Grottenegg über. Seit 1822 gehören die Anwesen der Grafenfamilie Goëss.

Aber schon seit Mitte des 17. Jahrhunderts werden die Burgen nicht mehr bewohnt. Lediglich in Niederkraig wurden bis ins 18. Jahrhundert die Bediensteten der Grafen Goëss untergebracht. Die Aufstiege zu den Ruinen sind im Wald leicht zu finden, allerdings sind sie nicht gesichert und das Betreten ist wegen Einsturzgefahr verboten.

Durch Forstarbeiten wurde vor einigen Jahren der Blick auf den Turm von Hochkraig freigelegt und offenbarte ein Mahnmal der Zeitgeschichte: ein mehrere Meter hohes Hakenkreuz und darunter den Hitlergruß. Das Zeichen des Nationalsozialismus wurde 1934 angebracht und 1938 vom NS-Regime erneuert. Nach dem Zweiten Weltkrieg wurde es zwar übermalt, doch die Witterung ließ die Farbe abblättern. Das Mauthausen-Komitee Österreichs fordert, das Hakenkreuz zu entfernen, doch das ist aufgrund der Einsturzgefahr schwierig. Andererseits geht es im Hintergrund auch darum, wer die Kosten trägt. Ein angedachter Kunstwettbewerb scheiterte 2015. Durch ihn hätte das Hakenkreuz in ein künstlerisches Zeichen des Friedens, gegen den Nationalsozialismus, integriert werden sollen. In einem Interview mit der „Kleinen Zeitung" (5. April 2015) sagte Burgbesitzer Peter Goëss: „Es hat meiner Ansicht nach keinen Sinn, das Hakenkreuz zu übermalen und so zu tun, als wäre nie etwas gewesen."

Der Kraiger See bekam als erstes Gewässer in Mitteleuropa eine Tiefenwasser-Ableitung zur Verbesserung der Wasserqualität.

Das Tal der Gesetzlosen. Badespaß und Geschichteabenteuer können anstrengend sein. Das „Familienoberhaupt" ist der Ansicht, sich ein Bier verdient zu haben. Aber nicht irgendeines. Knapp 5 Kilometer vom Kraiger See entfernt, kann man es direkt in der Brauerei zapfen. Das Jungunternehmen „Wimitzbräu" hat sich – nomen est omen – ausgerechnet den Wimitzgraben als Standort ausgesucht. Im Mittelalter nannte man das kaum besiedelte Gebiet „Tal der Gesetzlosen". Rebellen aus Wien wurden – wenn man sie aus welchen Gründen auch immer – nicht köpfen wollte, hierher verbannt. Bevor die Bierbrauer diesen Platz beziehungsweise das hervorragend für das Brauen geeignete Wasser für sich entdeckten, sagten sich dieserorts noch sprichwörtlich Fuchs und Hase „Gute Nacht". Die

Einheimischen pflegten das Image der räuberischen Gesetzlosen gerne weiter und schafften es damit 1977 sogar in das deutsche Wochenmagazin „Stern". Zur allgemeinen Belustigung hatte man es – wohl mit Unterstützung einiger Schnapserln – geschafft, einem deutschen Reporter einzureden, dass es im Wimitzgraben vor Schwarzfischern und Wilderern nur so wimmelt und sich deshalb selbst die Gendarmerie nicht in die Gegend traut.
Der bekannteste „Gesetzlose" der Neuzeit aus dieser Gegend war der Frauenmörder Jack Unterweger. Der verurteilte Mörder begeisterte die Wiener Hautevolee mit seinem Charme und genoss als Schriftsteller den Medienhype, der um ihn ausgebrochen war. Aufgewachsen ist Jack als kleiner Johann oder Hansi bei seinem Großvater im Wimitzgraben. Der als Trunkenbold und Spieler bekannte Mann soll auch gewalttätig zu den vielen Frauen gewesen sein, die in seine kleine Hütte ein- und oft bald wieder auszogen. „Weibertauschzentrale", nannten die Nachbarn das Haus rüde. Die Klassenbucheintragungen der Volksschullehrerin über Unterweger zeichnen ein Bild einer desaströsen Kindheit: „Untragbare Familienverhältnisse. Kleiner Störenfried. Nimmt es mit der Wahrheit nicht ganz genau." Hansi verwahrloste zusehend, einzig der damalige Volksschuldirektor Max Vizthum stand bei Anfeindungen oftmals hinter dem Buben. Das hat der spätere Verbrecher Jack nicht vergessen, er schrieb seinem Direktor aus dem Gefängnis. Vizthums Tochter erzählte später in Zeitungsinterviews von Jack Unterwegers Besuchen, als er im weißen Anzug, mit viel Schmuck behangen, seinen Mustang vor dem Haus parkte.

Kompromissloses Bier. Auf die Legenden um die Gesetzlosen bezieht sich auch der Wimitzbräu-Werbeslogan „Gefährlich ehrlich". Die Idee zur Brauerei hatte Geschäftsführer Josef Habich bei einem Wanderreitausflug in der Region. „Ein alter Bierbrauer hat uns sein Selbstgebrautes zu kosten gegeben", erzählt er. Von da an ließ ihn die Idee nicht mehr los. Unzählige Selbstversuche in der Braukunst und umfangreiche Kalkulationen später entschied er sich, mit zwei Partnern das „Wimitzbräu" zu starten. „Wir sind ganz bewusst keine Spezialitätenbrauerei", sagt er und serviert Wimitzer Märzen, Wimitzer Weizen und das dunkle, nach der Besitzerfamilie der

Frisch gezapft, direkt aus dem Tank. Braumeister Rainer Kohen und Brauereichef Josef Habich lassen gerne auch hinter die Kulissen blicken.

Quelle benannte „Wimitzer Lemisch“. „Wir wollen ein Bier brauen, das in unserer Region gern getrunken wird“, formuliert Habich seinen einfach klingenden Ansatz, der trotz oder gerade wegen der globalisierten Bierindustrie vor allem im Bezirk St. Veit besonders erfolgreich ist. Immer mehr Gastwirte schenken das Wimitzbräu bereits aus, auch in einigen Kärntner Geschäften sind die Biere mittlerweile erhältlich. „Das Bier muss sechs Wochen lang reifen. Wir arbeiten ohne Tricks. Kein Prozess wird künstlich beschleunigt oder unterstützt. Wenn einmal gerade kein Bier da ist, gibt es keines“, sagt der Bierbrauer und das ruft wieder das Unternehmensmotto „Gefährlich ehrlich“ in Erinnerung. Für so manchen Bierliebhaber klingt der drohende Engpass wohl wie eine gefährliche Drohung, aber im Tal der Gesetzlosen ist man eben ehrlich.

Baden im Kraiger See

Das kleine Seebad der Familie Ruhdorfer bietet neben der naturnahen Idylle einen kleinen Imbiss und einen Kinderspielplatz. Auch Fischerkarten sind hier erhältlich.

→ ***Bad und Pension Kraigersee***
Seebichl 4
9311 Kraig
Tel. (04212) 3565
www.kraigersee.at

Wanderung Kraiger Ruinen

Oberhalb des Kraiger Sees beginnt der Weg in südwestliche Richtung in das märchenhafte Tal, in dem einst auch die Römerstraße verlief. Der Weg führt etwa eine Stunde lang durch den Wald, vorbei an verwachsenen Teichen und zum Aquädukt. Die Aufstiege zu den Ruinen sind schlecht markiert, aber leicht zu finden. In der Nähe befindet sich außerdem die Kapelle des heiligen Johannes von Nepomuk. Sie war lange Pfarrkirche von Kraig und galt als Wallfahrtskirche. Römerzeitliche Spolien und Reliefs sind in die Mauern eingebaut. Der Altar ist mit Schnitzfiguren aus dem 18. Jahrhundert verziert. Vorbei am malerischen Schloss Frauenstein, das sich in Privatbesitz befindet und nicht besichtigt werden kann, geht es über Obermühlbach zurück zum Ausgangspunkt. Für diese Tour sollte man zirka 3 bis 4 Stunden einplanen.

Die Gegend kann aber auch hoch zu Ross erkundet werden, zum Beispiel bei geführten **Reittouren.**

→ ***Reiterhof-Familienpension Seebichlhof***
Seebichl 1
9311 Kraig
Tel. (04212) 35644

Gefährlich ehrliches Bier

Die Privatbrauerei Wimitzbräu kann man nach telefonischer Voranmeldung besichtigen, selbstverständlich ist eine Bierverkostung inklusive.

→ ***Wimitzbräu***
Wimitz 7
9311 Kraig
Tel. (04212) 30930
www.wimitzbraeu.com

→ ***Öffnungszeiten:***
Montag bis Donnerstag 8 bis 16 Uhr
Freitag 8 bis 13 Uhr

Längsee

Vor allem im Herbst und im Frühjahr sieht man am Längsee nahe St. Veit besonders viele Vögel. Er liegt an einer Vogelhauptzugslinie. In der windstillen flachen Talmulde, in der sich das 75 Hektar große Gewässer befindet, haben die Tiere zahlreiche ungestörte Rastplätze. Der Längsee entstand, wie die meisten Kärntner Seen, im Glazial. Er ist der Rest eines einst wesentlich größeren Gewässers und weist eine maximale Tiefe von 21,4 Metern auf. Entwässert wird der See über ein lang gestrecktes Moor. Seinen heute nicht mehr so treffenden Namen hat er wohl aus der Zeit, als auch diese Fläche noch unter Wasser stand. Im Sommer lockt er mit bis zu 26 Grad warmem Wasser.

Blut im See. Rotes Wasser?! Da kann es sich doch nur um Umweltverschmutzung handeln. Oder? Regelmäßig herrscht im Frühjahr und im Herbst Aufregung am Wörthersee und am Längsee. Zu dieser Zeit scheinen die Seen rot gefärbt. „Alles in Ordnung“, beruhigt Roswitha Fresner vom Kärntner Seenforschungsinstitut jedes Jahr aufs Neue. Es handelt sich weder um ein Verbrechen noch um Fischblut oder Bootsfarbe, um nur einige der zahlreichen laienhaften Erklärungsversuche zu nennen. Schuld ist vielmehr eine ganz besondere Algenart: Hie Burgunderblutalge *(Planktothrix rubescens)* bildet mit ihren rötlichen Fäden oft so dichte Teppiche, dass diese aussehen wie Rosenblätter im Wasser. „Sie zählt trotz ihrer Farbe zu den Blaualgen *(Cyanophyceae)*. Das Rötliche kommt vom zusätzlichen Photosynthese-Pigment, Phycoerythrin, das die Art befähigt, den Schwachlichtbereich in der Tiefe zu nutzen“, erklärt Fresner. Das macht die Algen aber auch „lichtempfindlich“, weshalb sie sich in Monaten mit starkem Lichteinfall und hohen Wassertemperaturen in 8 bis 15 Meter Tiefe zurückziehen. „Üblicherweise taucht die Burgunderblutalge rechtzeitig zum Beginn der Badesaison wieder ab. Gibt es jedoch lang anhaltenden Niederschlag und Bewölkung, kann man die rötlichen Flecken auch im Sommer beobachten“, sagt Fresner. Der Wind treibt die Algenfäden dann zu roten Algenteppichen zusammen. Der deutsche Name Burgunder hat aber nichts mit dem Rotwein zu tun. „Tatsächlich hat man die Rotfärbung erstmals am Schweizer Murtensee beobachtet. Dort gab es 1476 die Schlacht bei Murten, in der 10 000 Burgunder von den Eidgenossen getötet worden sind. Als sich der See dann rot färbte, lag es nahe, das Phänomen mit dem Blut der gefallenen Burgunder in Verbindung zu bringen“, erzählt mir Fresner.

An Krieg erinnern aber auch Relikte im Längsee. Hier, wie im Ossiacher See und im Wörthersee, wurden nach dem Zweiten Weltkrieg Waffen und Munition versenkt. Obwohl das Innenministerium bereits Tonnen an Kriegsmaterial aus den Seen geholt hat, wird noch mehr in den Tiefen vermutet. Darunter gefährliche PH44-Granaten. Ihr Inhalt ist weißer Phosphor. Das Kampfmittel verbrennt bei Kontakt mit Sauerstoff mit 1300 Grad Celsius und wurde mit Flugzeugen abgeworfen, um Städte in Brand zu setzen. Der Taucher Gerald Arnold hat einige der Lagerstätten in den genannten Seen filmisch dokumentiert. Dort sind aufgebrochene und volle Munitionskisten mit solchen Granaten zu sehen.

Unter der Wasseroberfläche lagert das Phosphor zwar seit mehr als 65 Jahren sicher, jedoch wurden in der Vergangenheit immer wieder Flaschen mit dem weißen Pulver ans Ufer geschwemmt. Wenn so eine Flasche zerbricht, beginnt sich der Stoff zu entzünden. Diese Reaktion kann für Menschen in der Nähe lebensbedrohlich sein, dennoch gibt es immer wieder Taucher, die verbotenerweise nach diesen Kriegsrelikten suchen. Dabei werden auch diverse Schusswaffen gefunden, die meist noch funktionsfähig sind.

Unter der schimmernden Wasseroberfläche des Längsees liegen bis heute Waffen aus dem Zweiten Weltkrieg.

Riesige Seeungeheuer. Dem Fischbestand im Längsee scheint das wenig auszumachen. Vor allem Brachse gedeihen besonders gut und werden über 50 Zentimeter groß. 1990 wurde ein Rekordhecht mit 29 Kilo und 146 Zentimetern Länge gefunden. Taucher berichten immer wieder von riesigen Welsen mit einer Länge von bis zu 2,2 Metern.

Große Fische dürfte es im Längsee schon immer gegeben haben. Eine Sage berichtet von einem ganz besonderen Exemplar. Ein riesiger Fisch, der vor Zeiten hier gelebt hat, war so groß, dass sein Rücken über den Wasserspiegel ragte. Durch angeschwemmtes Erdreich und Seegras bildete sich darauf eine Insel, auf der eine Kirche erbaut wurde. Dort wurde jeden Tag eine Messe für die armen Seelen der Ertrunkenen gelesen. Laut einer alten Prophezeiung durfte der Gottesdienst nicht ausgelassen werden. Sollte er tatsächlich eine Woche hindurch unterbleiben, würde die Kirche jeden Tag tiefer sinken und schlussendlich mitsamt dem Ungeheuer verschwinden. Tatsächlich wurde die ansässige Bevölkerung einst von fremden heidnischen Völkern vertrieben, so die Sage. Niemand betrat mehr die Kirche auf dem Rücken des Fisches. Und sie begann zu sinken. Von Tag zu Tag schneller, bis es am achten Tag endlich jemand bemerkte. Die herbeieilenden Menschen wurden Zeugen, wie der See unruhig wurde und aufbrauste. Ein fernes Grollen war zu vernehmen, dichte

Wolken stiegen auf und breiteten sich über die Gegend, sodass man keinen Schritt mehr sehen konnte. Als die Sicht endlich wieder klar war, konnte man die Umgebung nicht wiedererkennen. Anstelle des blauen Sees war ein schwarzes, sumpfiges Moor getreten. Darin soll, so eine weitere Sage, einst ein Bauer mitsamt seinen Ochsen versunken sein. Als man ihm nachgraben wollte, erschien ein weißes Männlein und sagte den Rettern, dass die Mühe nutzlos sei. Der Bauer habe die Strafe für seine Sünden erhalten und müsse bleiben, bis die versunkene Kirche ausgegraben wird. Seitdem kann man über dem Moor in dunklen Nächten ein flackerndes Irrlicht sehen. Ein Schimmern sei auch in der Mitte des Längsees manchmal zu sehen, wer genau schaut, soll die Turmspitze der Kirche erkennen und das Jammern und Klagen der Seelen hören, die im See ertrunken sind.
Bei dieser Legende rund um ein Ungeheuer liegt es nahe, den Drachenkämpfer und Schutzheiligen Georg anzurufen. Die älteste Erwähnung des heiligen Georg bei Kirchenvater Eusebius berichtet von seinem Tod als Märtyrer. Georg soll sich für verfolgte Christen eingesetzt, Armen geholfen und Götzenbilder in heidnischen Tempeln zerstört haben. Die Legende als Drachentöter wurde später hinzugefügt. Zur Zeit der Kreuzzüge erzählte man sich die Legende von Georg von Kappadokien. Sie ähnelt vielen Rittergeschichten: Ein Drache forderte das Leben der jungfräulichen Königstochter. Georg erschlug das Ungeheuer, befreite das Land so vom Bösen und viele Menschen ließen sich daraufhin taufen.

Kloster mit profanen Problemen. Das hat vielleicht auch die Gräfin Wichpurch inspiriert. Ihr Gatte, Graf Otwin von Sonnenburg, war von einem Kreuzzug nicht mehr zurückgekehrt. So stiftete sie um 1010 das Benediktinerinnenkloster, das heute als Stift St. Georgen am Längsee bekannt ist. Ihre Tochter, Hildpurg, war die erste Äbtissin im ältesten Kloster Kärntens. Aus dem 14. Jahrhundert stammt die Stiftskirche, sie ist ein gotischer Bau. Der Turm wurde in der Barockzeit errichtet, ebenso der reich geschmückte barocke Hochaltar, der Georg im Kampf mit dem Drachen zeigt.

Zur Zeit der Reformation verließen viele Nonnen das Kloster, sodass zeitweise nur noch die Äbtissin Dorothea Rumpf und zwei Mitschwestern die Stellung hielten. Im Zuge der Gegenreformation gab es einen Aufschwung. Mit 31 Chorfrauen und 16 Laienschwestern erlebte man ein „All-Time High". Die Klosterapotheke versorgte die Region medizinisch. Jährlich wurden bis zu 500 Kranke gepflegt. Die Schwestern betrieben auch eine Schule, doch 1783 fiel man den rigorosen Klosteraufhebungen von Kaiser Joseph II. zum Opfer. Der Bergbauunternehmer Graf Max Thaddäus Egger kaufte das Stift um 163 100 Gulden (das entspricht etwa 2,1 Millionen Euro) und stattete es schlossähnlich aus. Errichtet wurden außerdem ein englischer Park und eine Orangerie. Gegen Ende des 19. Jahrhunderts wurde das Stift erstmals für Touristen geöffnet und es entstand ein erster Beherbergungsbetrieb.

Im Klostergarten des Stiftes St. Georgen entdecken Erwachsene alte Kräutersorten und Kinder Labyrinthe.

Im Jahr 1934 erwarb die Mariannhiller Missionskongregation St. Georgen. In der Kriegszeit befand sich hier das Priesterseminar der Diözese Gurk, bis das Stift 1943 zu einem Lazarett umgewandelt wurde. 1959 kaufte das Bistum Gurk die Liegenschaft und richtete ein bischöfliches Bildungshaus mit angeschlossenem Hotel und Restaurant ein. Heute werden im Bildungshaus St. Georgen ganzjährig Seminare, Fastenwochen und Feste veranstaltet.

Gäste aus aller Welt besuchen das Stift St. Georgen. Die Arkadengänge und vor allem der einzigartige Kräutergarten mit mehr als 120 Heil-, Gewürz- und Färbepflanzen und Ausblick auf den Längsee sind einen Ausflug wert. Der Klostergarten lädt Kinder zum Entdecken ein.

Stift St. Georgen

Ruhe, Kraft, Erholung und Wissen – das Stift St. Georgen ist nicht nur historisch gesehen eines der interessantesten Seminarzentren. Das Seminarprogramm umfasst Themen wie christliche Lebenspraxis, Kunst, Kultur und Kreativität, aber auch Lebenskultur, Kommunikation und Gesundheit.

→ ***Stift St. Georgen***
Schlossallee 6
9313 St. Georgen am Längsee
Tel. (04213) 2046
www.stift-stgeorgen.at

Linsendorfer See

Ruhig, umrahmt von Wiesen und Bäumen liegt der schöne, aber auch äußerst seltsam geformte 3 Hektar große Linsendorfer See. Er macht eine Biegung, von oben betrachtet sieht er aus wie ein V. Der See ist aus einer ehemaligen Schleife der Drau entstanden. Er wird schwach durchflossen und kann bis zu 7,5 Meter tief sein. Im Sommer ist er bei Einheimischen, aber auch ruhesuchenden Gästen beliebt, der Eintritt ist kostenlos. Der Linsendorfer See ist jedoch immer erfrischend, die Wassertemperaturen klettern selten über 20 Grad.

Geheimtipp am Drauradweg. Der Drauradweg führt vom Ursprung der Drau im Toblacher Feld in Südtirol 360 Kilometer entlang des Flusses durch Osttirol und Kärnten bis nach Marburg in Slowenien. Um einen der schönsten Seen entlang des Radweges zu erreichen, muss ich aber nicht die ganze Strecke bewältigen. Schon gar nicht mit Kind. Deshalb haben wir unsere Räder gepackt und machen uns mit der Bahn nach Ferlach auf. Die Zugfahrt ist für meine Tochter schon das erste Highlight des Tages. Von der Ferne sehen wir noch dazu eine Rosentaler Dampflok. Der Verein „Nostalgiebahnen in Kärnten – Museum für Technik und Verkehr" hat mehrere historische Züge, Tramways, Oldtimerbusse und Schiffe angekauft. Die Fahrzeuge werden liebevoll restauriert und sind zum Großteil einsatzbereit. Zu diversen Anlässen gibt es Sonderfahrten.

So gut gelaunt wie sie ist, sind die 15 gemütlichen Radkilometer entlang des Drauradweges bis zum Linsendorfer See selbst für meine Zehnjährige kein Problem mehr. Kurz vor Gallizien sind wir am Ziel. Den Linsendorfer See erreichen wir über einen kleinen Schotterweg. Kurz darauf eröffnet sich eine große gepflegte Liegewiese, die zum Ausspannen einlädt. Der Sprung ins Wasser ist ein ziemlich kühles Erlebnis und wir genießen lieber die Ruhe an diesem See.

Ein Stückchen weiter machen wir bei einem für Kärnten historisch bemerkenswerten Platz halt, der Annabrücke. Sie wurde erst 1836 gebaut, vorher gab es knapp zwei Flusskilometer entfernt nur einen Fährbetrieb über die Drau. Die Annabrücke verbindet die Gemeinden Grafenstein und Gallizien. Sie war im Kärntner Abwehrkampf im Jahr 1919 zwei Mal Schauplatz heftiger Kämpfe. In der Umgebung der Annabrücke gibt es alte Bunker aus der Zeit des Kalten Krieges, die man bei genauerem Hinschauen erkennen kann.

Junggänse spazieren fröhlich am Hof der Bierbuschenschank Sorger.

Stürzende Wasser. Die Gegend rund um den Linsendorfer See hat aber noch mehr zu bieten. Fitte Radler können sich weitere 12,6 Kilometer hin zum Wildensteiner Wasserfall begeben. Seit nahezu 200 Jahren ist der beeindruckende Wasserfall eine

Nostalgiebahnen Kärnten

Ob mit der Dampfstraßenbahn Adele zum Technikmuseum Historama. Oder lieber einen Dampfzug-Ausflug mit Nikolaus und Krampus im Dezember? Der Verein Nostalgiebahnen hat verschiedenste Fahrzeuge zum Ausprobieren und Bestaunen gesammelt. Darunter sogar eine Flugmaschine von Fürst Khevenhüller aus 1913, die nur mit Muskelkraft betrieben wurde.

→ ***Historama Ferlach***
Auengasse 7
9170 Ferlach
Tel. (0664) 5301933
www.nostalgiebahn.at

Drauradweg

Alle Etappen des R1 Drauradweges mit Details wie Schwierigkeit, Länge und Höhenmetern findet man auf der Website. Es werden auch Einkehr- und Übernachtungsmöglichkeiten und weitere Erlebnisse beschrieben.

→ ***www.drauradweg.com***

Wildensteiner Wasserfall und Handwerksmuseum

Der Wildensteiner Wasserfall ist frei zugänglich. Ausgangspunkt für die kurze Wanderung zum Naturdenkmal ist der Gratis-Parkplatz des Ausflugszieles in Gallizien. Gleich daneben befindet sich das Wildensteiner Handwerksmuseum. Auf 300 Quadratmetern werden historische Geräte und Werkzeuge ausgestellt.

→ *Wildensteiner Handwerksmuseum*
Wildenstein 8
9132 Gallizien
Tel. (0664) 4080514

→ *Öffnungszeiten: April bis Oktober*
11 bis 19 Uhr

Lotte Sorger

Erlebnispark Linsendorfer See

Action gibt es im Erlebnispark nahe dem frei zugänglichen Strandbad. Neben verschiedenen Spielerallyes werden Bogenschießen, Kajakfahren, Floßbau oder eine Schatzsuche am Naturrätselweg angeboten. Für Gruppen werden sogar Survivaltrainings angeboten.

→ *Marcel Gfrerer*
Tel. (0650) 9120117
www.linsendorf.at

→ *Öffnungszeiten:*
Mai, Juni und September
Donnerstag bis Freitag 13 bis 18 Uhr,
Samstag und Sonntag 9 bis 18 Uhr.
Juli und August
Dienstag bis Sonntag 9 bis 18 Uhr.

Jauntaler Bauernbier

Vor rund 150 Jahren wurde in praktisch jedem kleinen Kärntner Landgasthaus Bier gebraut. Heute lässt man diese Tradition in der einzigen Bierbuschenschank des Landes wieder aufleben. Und ausgerechnet eine Frau ist hier „Braumeisterin“: Lotte Sorger braut mit dem Jauntaler Bauernbier ein untergäriges bernsteinfarbenes vollmundiges Hausbier. Die dazugehörige Jause wird mit der zweiten Spezialität des Hauses serviert: weißer Speck, den man in Italien *Lardo* nennt. In vierter Generation wird dieser hier bereits produziert. Hauchdünn geschnitten zerfließt er auf der Zunge.

→ *Bierbuschenschank*
Familie Sorger
Pirk 1
9132 Gallizien
Tel. (04221) 2031
www.jauntaler-bauernbier.at

→ *Geöffnet von Mai bis September*
16 bis 22 Uhr. Montag Ruhetag.

Klopeiner See und Turnersee

Das Prädikat „Badewanne“ heften sich viele Seetouristiker gerne an die Fahnen, doch einzig der Klopeiner See hat diese Bezeichnung tatsächlich verdient. Mit bis zu 29 Grad ist er der wärmste Badesee Europas. Die windgeschützte Beckenlage sowie die wenigen Zuflüsse und geringen Abflüsse des Gewässers machen das möglich. Eine Standardtemperatur von rund 25 Grad hält der See in bis zu 8 Meter Tiefe, erst dann fällt die Temperatur langsam ab. Der 1,1 Quadratkilometer große See misst an seiner tiefsten Stelle 48 Meter. Der Klopeiner See ist neben Kleinsee und Turnersee Rest eines ehemals riesigen nacheiszeitlichen Sees.

Die Schöne und der Kraftplatz. Schön und quirlig – mit diesem Rezept hat Model Larissa Marolt die Aufmerksamkeit des deutschsprachigen Medienrummels auf sich gezogen. Und damit auch auf ihre Heimat, das Gebiet um den Klopeiner See. Die Gemeinde St. Kanzian dankte es ihr mit einem echten „Walk-of-Fame"-Stern. Zwar nicht in Hollywood, der ist für sie bei diesem Medientalent vermutlich auch noch drin, aber immerhin auf der neuen Seepromenade. „Der Klopeiner See ist mein Kraftplatz", schwärmt das Model, das sich gerne selbst eine Fotokamera schnappt und am See traumhafte Motive vorfindet. „Biken, Surfen, Wandern, Golfen – alles in unmittelbarer Nähe. Schwimmen ist und bleibt aber mein Lieblingssport." Kein Wunder, ist sie ja direkt am Wasser aufgewachsen. Die Marolts haben sich in zwei Generationen am Klopeiner See einen Namen gemacht. Heinz-Anton Marolt, Hotelier und Vater von Larissa, managt nicht nur seine Tochter, sondern sorgt mit zahlreichen Investitionen rund um den See für Aufsehen. „Es ist nicht immer leicht", lacht er. Lange kämpfte er auch dafür, die am Wörthersee ungeliebte Seebühne am Klopeiner See installieren zu dürfen, damit Stars und Veranstaltungen mehr Gäste an den See locken.

Topmodel Larissa Marolt und Vater Heinz-Anton Marolt an ihrem Kraftplatz am Klopeiner See.

Solche Extras waren in den 1980ern noch nicht zwingend notwendig. Damals galt der Klopeiner See als *die* Ausgehmeile schlechthin. Das Einzugsgebiet für Nachtschwärmer erstreckte sich sowohl bis Klagenfurt als auch in die Steiermark und stellte sogar Veldens durchgefeierte Prominächte in den Schatten. Einerseits sind jedoch die einstigen Nachtschwärmer älter geworden, andererseits gab es häufig Widerstände durch Anrainer. Ein Leid, von dem auch Marolt berichten kann. Seine Tanz- und Musiklokale wie die „Blaue Lagune" und die Live-Musik im „Lido" sind beliebt. Aber: „Wenn man etwas auf die Beine stellt, darf man halt auch nicht jammern, dass die Leute kommen", sagt der Hotelier. Tourismus oder Ruhe – diesen Interessenskonflikt tragen offenbar alle Urlaubshotspots aus.

Sprudelndes Gold. Erholung und Gästeboom lassen sich aber zukünftig vielleicht doch unter einen Hut bringen. „Wir sitzen auf heißem Gold", verrät Marolt geheimnisvoll. Er meint damit

Thermalwasser, dem man seit 1996 in der Umgebung auf der Spur ist. Erst wurde die Suche belächelt. Skeptiker dürften in schallendes Gelächter ausgebrochen sein, als 2004 der Brunnenbohrspezialist Dietmar Stuck mit seiner Wünschelrute beziehungsweise mit seiner Metallspiralfeder anrückte. Doch der Geschäftsführer der Firma S & K Brunnenbohr aus St. Veit an der Glan zeigte, dass es zwischen Himmel und Erde wohl mehr gibt, als es sich die Schulweisheit erträumen mag. Er stieß mit seinen radiästhetischen Fähigkeiten tatsächlich auf ein Thermalwasservorkommen auf einem Grundstück nördlich des Klopeiner Sees.

Ein Investorenteam begann im Frühjahr 2005 mit der Bohrung in St. Kanzian. Aus der Endteufe von 1700 Metern sprudelte schlussendlich tatsächlich Thermalwasser. Qualität und Menge des Wassers gaben Grund zum Jubeln. Mit 48 Grad Celsius und einem enorm hohen Anteil an mineralischen Salzen wird das „heiße Gold“ zutage gefördert. Im Langzeitpumpversuch bestätigten chemische Untersuchungen und ein balneomedizinisches Gutachten, dass mit einer konstanten Fördermenge von über 2 Litern pro Sekunde täglich 2000 Kurgäste versorgt werden könnten. Selbst die notwendigen wasser- und bergbaurechtlichen Genehmigungen sind bereits bewilligt.

Seitdem scheint der Traum vom Gesundheitstourismus in der Therme Klopein zum Greifen nah. Doch es scheitert wie so oft am Geld. 30 bis 35 Millionen Euro seien für die Verwirklichung der Therme Klopein notwendig. Wie die Finanzierung aussehen könnte, ist allerdings noch nicht klar, sagte Helmuth Micheler, Geschäftsführer der Tourismusregion Klopeiner See-Südkärnten. Einige Beschlüsse stehen fest, so Micheler: „Die Betreibergruppe rund um das Gesundheitsexzellenz-Zentrum hat die Planungsberechnungen fertig. Die Entscheidungen des Tourismusverbandes betreffend die Co-Finanzierung liegen vor, der Gemeinderat hat bereits über die Grundstücke entschieden.“ Der verstorbene Landeshauptmann Jörg Haider versprach bereits 2003, „im nächsten Jahr“ würde das Projekt unter dem Titel „Kristallbad Klopeiner See“ verwirklicht werden. Der deutsche Investor, der sich später als äußerst dubios herausstellte, sprang aber ab.

Mittlerweile haben sich Bohrgesellschaft, Gemeinde und Tourismusverband in die „Thermalbad Entwicklungsgesellschaft“ zusammengeschlossen. Das klassische Thermenprojekt wurde um mehrere Standbeine im Bereich der Prävention, Sportmedizin und Gesundheitsvorsorge erweitert. Doch ein potenter Investor fehlt nach wie vor. Politische Versprechungen wie auch die Ankündigung, man werde im nächsten Jahr bauen, tauchen seit Jahren ebenso regelmäßig auf, wie sie platzen.

Doch in St. Kanzian hat das „Reifenlassen" eines touristischen Projektes offenbar Tradition. Noch in der Nachkriegszeit umgab den See vorwiegend Wald. Anton und Margarethe Marolt betrieben neben der Landwirtschaft ein kleines Gasthaus. Dieses war eines der ersten am See. Vor allem nach dem Zweiten Weltkrieg besuchten immer mehr Gäste aus der Steiermark den See, der für sie teilweise zu Fuß mit dem Rucksack über die Soboth oder die Pack gut zu erreichen war. Der älteste Sohn, Heinz-Anton junior, zeigte gastronomisches Talent. „Nicht nur das. Mein Vater sah bald, dass er am See mehr verdienen konnte, statt als Landwirt hinter dem Pferd am Pflug zu ackern", erzählt Marolt. Und das erkannten mit der Zeit auch andere, der Tourismus boomte. In den 1960ern verlegte man die Landesstraße, die bis dahin direkt am See verlief. „Damit entstand eine der schönsten Uferpromenaden Österreichs", schwärmt Marolt. Kürzlich wurde diese neu gestaltet und mit Kunstmeile, Blumenschmuck und natürlich dem „Walk of Fame" ergänzt.

Der Tourismus am Klopeiner See setzte vergleichsweise spät ein. Erst in der Nachkriegszeit kamen die ersten Gäste.

Der See wird immer wärmer. Während man sich in Managementbüros die Köpfe über die Zukunft der Tourismuswirtschaft zerbricht, warnen Forscher vor dem allgemeinen Klimawandel, der auch vor den Kärntner Seen nicht halt macht. Im Projekt *Sustainable Instruments for Lakes Management in the Alpine Space* oder kurz SILMAS haben sich 15 Forschungseinrichtungen, Universitäten und lokale Behörden aus Deutschland, Österreich, Frankreich, Italien und Slowenien die Frage gestellt, wie der Klimawandel die Seen beeinflusst. 22 Seen wurden unter die Lupe genommen, in Kärnten haben die Forschungsgesellschaft Joanneum Research, das Kärntner

Institut für Seenforschung und die Uni Salzburg und Wörthersee, Ossiacher und Klopeiner See untersucht. Das Ergebnis scheint auf den ersten Blick eine positive Nachricht zu sein: In Kärnten werden die Seen wärmer. *„Die Auswirkungen des Klimawandels sind auch an den Kärntner Seen deutlich erkennbar. Die Auswertung der historischen Daten und die im Rahmen des Projektes durchgeführten Ergebnisse der Temperaturmessungen und der physikalisch chemischen Wasseranalysen haben gezeigt, dass die Wassertemperaturen an der Seeoberfläche in den letzten Jahrzehnten angestiegen sind. Im Mittel nahm die Wassertemperatur am Wörthersee seit 1930 um 1,2 Grad Celsius zu, am Klopeiner See seit 1996 um 0,7 Grad Celsius und am Ossiacher See seit 1990 um 0,7 Grad Celsius"*, schreiben die Experten im Abschlussbericht. Für den Klopeiner See bedeutet das, dass die Grenze zwischen zirkulierendem und stagnierendem Wasserkörper absinkt. In den 1930er-Jahren lag diese bei 32 Metern, jüngste Untersuchungen zeigen ein Absinken der Sauerstoff- und Nährstoffkonzentration nun bereits ab 20 Metern. Das bedeutet, dass sich die tieferen Seebereiche deutlich langsamer erneuern. Eine Tiefenwasserableitung schafft seit einigen Jahren Abhilfe und transportiert das Monimolimnion ab, um die Wasserqualität zu erhöhen. „Doch das enthält Schwefelwasserstoff. Wird das Wasser in den Ausfluss geleitet, entsteht Geruchsbelästigung", weiß Roswitha Fresner vom Institut für Seenforschung.

Der Klopeiner See ist der wärmste Badesee Europas. Neueste Forschungen zeigen: Wegen des Klimawandels heizt er sich in Zukunft noch mehr auf.

Mit den steigenden Temperaturen verdunstet auch mehr Wasser von der Seeoberfläche und die Forscher rechnen künftig mit weniger Niederschlag, das alles bewirke weniger Wasser in den Seen. „Wir haben mögliche Zukunftsszenarien für den Zeitraum von 2040 bis 2050 erstellt und dafür einen durchschnittlichen Temperaturanstieg von 1,5 Grad Celsius und zusätzlich einen Niederschlagsrückgang von 5 Prozent angenommen", berichtet SILMAS-Hydrologe und Umweltanalytiker Till Harum in einem Interview in der Tageszeitung „Der Standard". „Dabei konnten wir beobachten, wie sensibel der Wasserhaushalt alpiner Gewässer auf den Klimawandel reagiert: So zeigte sich bei allen drei Seen ein Rückgang der Wasserneubildung zwischen 12 und 23 Prozent im Jahresmittel." Der Klopeiner See mit 1,1 Quadratkilometern Fläche verliert nach diesen Berechnungen in den Sommermonaten bis zu 80 Prozent seiner Neubildungskapazität. Harum appelliert an die Verantwortlichen in der Politik: „Da die Schadstoffe länger im See bleiben, müssen die Einzugsgebiete verstärkt vor Schadstoffbelastungen geschützt werden."

Der Höllenritt. Und so wollen wir gleich vorbildlich sein und einen ersten kleinen Schritt setzen: Weg vom Auto, hin zum E-Bike! Ich besuche also den Radlstadl Puschl in St. Kanzian. Inhaber Markus Puschl verleiht allerlei Spaßgefährte. Neben klassischen Drahteseln unter anderem Familienräder mit und ohne Elektrounterstützung. Für eine Runde um den See perfekt. Aber für den Abstecher um den Kleinsee und den Turnersee empfiehlt er mir einen Buggy. Mit 40 PS schafft das Höllengefährt locker 100 Kilometer pro Stunde und fährt sich wie ein GoCart. Die Runde um den nahe gelegenen Kleinsee ist im Nullkommanix vorbei. Stehenbleiben lohnt sich bei dem idyllischen Natursee, dessen 15 Hektar große Fläche von einem 20 bis 40 Meter breiten Seerosen- und Schilfgürtel umgeben ist. Ursprünglich war der Kleinsee wesentlich tiefer. Heute misst er an der tiefsten Stelle 9 Meter, durch die Verlandung und Sedimentation seit der Eiszeit wurde er zum seichten Kleingewässer. Doch Fischer lieben den Kleinsee. Zugang gibt es über einige kleine Stege, die aber allesamt in Privatbesitz sind.

Ein kleiner Buggy schafft locker 100 km/h – ohne Windschutzscheibe ist das eine Herausforderung.

Turner am See. Weiter geht es in Richtung Turnersee. Ich bin froh, eine übergroße Sonnenbrille zu tragen, denn die Mücken verirren sich, zumal das Gefährt ohne Windschutzscheibe auskommt, doch hin und wieder in mein Gesicht. Helm ist dank der Überrollbügel im Buggy keiner notwendig.
Der Turnersee hieß ursprünglich Sablatnigsee. Die Bezeichnung Turnersee erhielt er erst in der Zeit des Nationalsozialismus. Der Österreichische Turnerbund hatte um 1940 am Ufer ein Jugendlager errichtet, das „Turnerseelager". Heute liegt der ursprüngliche Turnersee in einem Natura-2000-Schutzgebiet. Mit einer Fläche von

Der Turnersee ist von reichlich Schilf umrahmt.

44,2 Hektar ist er ebenfalls ein Rest des einstigen zirka 9 Quadratkilometer umfassenden eiszeitlichen Sees auf der Rückersdorfer Platte. Er erreicht im Sommer Temperaturen von bis zu 28 Grad. Am Ostufer des Turnersees brütet übrigens der Kiebitz. Das Gemeindebad am nördlichen Ufer mit Liegeterrassen und Blick auf den Hochobir und auf die Petzen ist außerdem besuchenswert.

Imperium am See

Die Tanzbar Blaue Lagune, das Café Seeterrasse, das Strandhotel und Apartmenthäuser: Die Familie Marolt besitzt ein ganzes Imperium am Klopeiner See mit umfangreichem Angebot.

→ ***Strandhotel Marolt***
Am See V/2
9122 St. Kanzian/Kärnten
www.hotel-marolt.at

Bärige Ausstellung

„Bären, Wild & Jagd" zeigt 600 Trophäen und lebensecht präparierte Tierarten aus der ganzen Welt. Heinz-Anton Marolt hat seine sorgfältige Sammlung in Sertschach zwischen Kühnsdorf und St. Kanzian ausgestellt. Führungen gibt es von ihm persönlich.

→ ***Eintritt nur auf Anmeldung:***
Tel. (04239) 2236

Fahrbare Untersätze

→ ***Radstadl Puschl***
Klopeinerseestraße 13
9122 St. Kanzian
Tel. (04239) 2230

G'standene Küche

Das **Gasthaus Mochoritsch** ist in Kärnten legendär für seine Hausmannskost und die

Suppen, die in der Schüssel serviert werden. Das einmalige Preis-Leistungs-Verhältnis beeindruckt Gäste in Scharen. Das Stammhaus befindet sich unweit vom Klopeiner See.

→ ***Rückersdorf 5***
9123 St. Primus
Tel. (04237) 2212

In Seelach am Klopeiner See gibt es die Dependance **Mochoritsch Eck** direkt an der See-Ausgehmeile. Serviert werden etwa Brettljause mit hausgemachten bäuerlichen Produkten, Kärntner Forellen oder einfach ein Sundowner mit überbackenem „Heißbrot“. Geöffnet von Mai bis September.
An der Autobahnabfahrt Griffen betreibt die Familie Mochoritsch außerdem die **Griffen-Rast** mit ganztägig warmer Küche, die nicht nur für gute Qualität, sondern auch für große Portionen bekannt ist. Die „Doggybag“ für alles, was man nicht schafft und mitnehmen will, ist hier ein Must-Have.

→ ***www.mochoritsch.at***

Klettermaxe unterwegs

Die Walderlebniswelt in St. Kanzian ist ein wirklich großer Spielplatz, in dem auch Mama und Papa ihre Freude haben. Auf 20 000 Quadratmetern geht es im Naturspielplatz rauf und runter, durch den Fuchsbau oder ins Riesenlabyrinth.

→ ***Schulstraße 8***
St. Kanzian
Tel. (04239) 26005
www.walderlebniswelt .at

Wildgatter und Buschenschank

In „Fingerls Wildgatter“ kommen die Tiere ganz nahe. Hirsche, Damwild, Mufflons und Rehe können im Freigehege beobachtet werden. Ziegen und Hasen lassen sich gerne streicheln. Passendes Futter für die Tiere gibt es vor Ort. Das Wildgatter ist ganzjährig geöffnet. Im Sommer kann man auch in die empfehlenswerte Buschenschank am Hof von Wilhelm Fingerl einkehren. Eine kleine Verdauungswanderung empfiehlt sich von Fingerls Wildgatter zum Stausee Oberrabenstein.

→ ***Haleweg 1***
9122 St. Kanzian
www.klopeinersee.at

Vögel und Erdmännchen

Nicht nur bei Vogelzüchtern hat der Vogelpark Turnersee einen besonders guten Ruf. Aus einem Hobby heraus ließ die Familie Zupanc ihren liebevoll gestalteten Park entstehen. Die neueste Attraktion sind die Erdmännchen. Die können zwar nicht fliegen, aber man könnte diesen putzigen Tierchen trotzdem stundenlang zusehen.

→ ***St. Primus 47***
9123 St. Primus
Tel. (0676) 5310686
www.vogelpark.at

„Sterndal“ schauen

Die Helmrich-Lambrecht-Sternwarte wurde vor über 50 Jahren von ihrem Namensgeber erbaut und zählt zu den ältesten privaten Sternwarten in Kärnten. Mitten in St. Kanzian errichtete er auf seinem Dach eine 3,2 Meter große Kuppel. Die IAAZ – International Astronomical Association Zauchen – hat kürzlich den öffentlichen Führungsbetrieb wiederaufgenommen.

→ ***Anmeldung und Information gibt es bei***
Christian Zechner
Tel. (0650) 3311072

Tomarteich im Sablatnigmoor

Eines der schönsten Feuchtgebiete Kärntens, das Sablatnigmoor, ist tatsächlich erst durch den Eingriff des Menschen entstanden – auch wenn man damals nicht den Naturschutz im Sinn hatte. Der Tomarteich im Zentrum wurde einst als Fischzuchtteich aufgestaut. Die Moorwiesen rundherum wurden gerade so viel gepflegt, dass sie vor der Verwaldung geschützt waren. Diese Kombination ließ ein 101,67 Hektar großes Gebiet entstehen, das seit 1979 unter Naturschutz steht. Mehr als 2000 teils seltene Tier- und Pflanzenarten haben hier ihren Lebensraum gefunden.

Biblische Erfahrung. Noah war mit seiner Arche schon lange Zeit unterwegs. Irgendwann dachte er sich, es sollte doch ein Vogel losfliegen und nachschauen, ob denn nicht bald Land in Sicht ist. Der flinke Eisvogel meldete sich beflissen zum Dienst. „Bitte, schick mich", bettelte er. Und Noah schickte ihn mit der großen Aufgabe los. Als der graue Vogel über das Meer segelte, geriet er in einen fürchterlichen Sturm. Er musste ausweichen und kam dem Himmel so nah, dass sich sein Federkleid am Rücken blau färbte, während sein Bauch von der Sonne verbrannt und orange wurde. Unterdessen schickte Noah von der Arche eine Taube los, damit sie nach Land suchte. Sie kam, wie die Bibel berichtet, bald mit einem frischen Olivenzweig im Schnabel wieder. Als jedoch der Eisvogel von seinem turbulenten Ausflug zurückkehrte, war die Arche bereits an Land. Er fand sie nicht mehr, weshalb er heute noch am Ufer entlangfliegt und pfeifend nach ihr ruft. So ist der Eisvogel, zumindest der Legende nach, zu seinen Farben und seinem Lebensraum gekommen. Biologe Thomas Schneditz erzählt mir diese Geschichte auf dem Balkon der Tomarkeusche, dem Naturschutzstützpunkt im Sablatnigmoor. Wie gerufen, fliegt pfeifend ein kleiner Eisvogel vorbei und setzt sich auf einen Schilfrohrhalm.

Mit hellem Pfeifen verrät sich der kleine Eisvogel. Im Flug ist er kaum erkennbar, so schnell flitzt er knapp über der Wasseroberfläche umher.

Das „Eis" im Namen des Eisvogels kommt vermutlich weniger vom gefrorenen Wasser. Es lässt sich aus dem althochdeutschen *eisan* ableiten, das schillernd oder glänzend bedeutet. Der Eisvogel ist der Liebling der meisten Besucher. Er flitzt über die Wasseroberfläche oder stürzt im Rüttelflug kopfüber ins Wasser, um Fische zu erbeuten.

Fernglas-Safari. Schön und gelassen fühlt man sich inmitten des Sablatnigmoors tatsächlich und in gewisser Weise ist es eine Art Arche. Weit mehr als 2 000 Tier- und Pflanzenarten haben hier ihren Lebensraum. Eine Schwanenfamilie lässt sich gerade lautstark im Tomarteich, auf den wir mit Spektiv und Fernglas blicken, nieder. „Da gibt es gleich Ärger im Paradies", prophezeit mir Schneditz. Ein weiteres Schwanenpärchen siedelt schon länger und beäugt die Gäste argwöhnisch von Weitem.

gleich nach der Tomarkeusche, hinter der Holzbrücke über die Wehr. Rechts führt ein Trampelpfad zum Wasser. Direkt am Ufer kann man hier hautnah die bunten Frösche des Sablatnigmoores beim Sonnenbaden beobachten: Man sollte sich jedoch sehr langsam bewegen – sonst tauchen die grünen Wasserfrösche blitzschnell wieder ab. Mit ganz viel Glück zeigt sich der Balkan-Moorfrosch im Hochzeitskleid. Das Männchen wechselt für wenige Tage im Frühling seine Färbung von Braun auf Knallblau.

Im Aussichtshäuschen beginne ich schön langsam Thomas Schneditz um seinen idyllischen Arbeitsplatz zu beneiden. Hier sind Naturbeobachter vor Sonne und Regen gut geschützt und haben doch einen besonderen Ausblick über die Moorlandschaft. Naturfotografen kommen an dieser Stelle voll auf ihre Kosten. Und auch Anfänger können mit ein wenig Geduld unglaubliche Beobachtungen machen. Wer das Sablatnigmoor erwandern möchte, sollte sich mindestens 2 Stunden Zeit nehmen. Der Rundwanderweg ist 4,5 Kilometer lang.

1979 erklärte das Land Kärnten das Sablatigmoor zum Naturschutzgebiet und es wurde auch Land angekauft. Heute befindet sich das Gebiet im Besitz der Marktgemeinde Eberndorf. 1992 wurde das Sablatnigmoor zum Ramsar-Gebiet als Feuchtgebiet von internationaler Bedeutung ausgezeichnet. Als Natura-2000-Schutzgebiet der EU ist die Erhaltung von gefährdeten Tieren, Pflanzen und Lebensräumen oberstes Ziel. Seit 1995 haben die Naturfreunde Kühnsdorf Sablatnigmoor die Patenschaft über das Moor und pflegen es.

Versteck für Beobachter: die kleine Hütte mit Ausblick nahe der Tomarkeusche

Sablatnigmoor

Parkplatz und Treffpunkt für Führungen bei der Buschenschank Kordesch. Von dort führt ein Schotterweg bis zur Tomarkeusche ins Naturschutzgebiet.

→ ***Ansprechperson: Thomas Schneditz***
Tel. (04236) 2497

→ ***Naturschutzverein Sablatnigmoor***
Kirchplatz 1
9141 Eberndorf
Tel. (04236) 2242-0
www.sablatnigmoor.at

→ ***Voranmeldung für Führungen von Mai bis September unter schneditz@aon.at oder unter sablatnigmoor@ktn.gde.at***

Jause im Moor

Die **Buschenschank Kordesch** ist nicht nur Ausgangspunkt für die naturwissenschaftlichen Führungen. Hier empfiehlt sich auch eine echte Kärntner Jause.

→ ***Hof 4***
9141 Eberndorf

Im **Gasthof Sablatnighof** können Kinder die Bauernhoftiere streicheln oder sich auf dem großen Spielplatz austoben, während sich die Erwachsenen eine der zahlreichen Spezialitäten des Familienbetriebes gönnen.

→ ***Hof 1***
9141 Eberndorf
www.sablatnighof.at

Gösselsdorfer See

Am Ostrand der Rückersdorfer Platte zwischen Eberndorf und Sittersdorf liegt der Gösselsdorfer See. Ursprünglich hatte er eine Fläche von einem Quadratkilometer, mittlerweile ist die Wasseroberfläche auf 32 Hektar geschrumpft. Der 3 Meter tiefe See liegt in einem Landschaftsschutzgebiet und ist teilweise unter Naturschutz gestellt. See- und Teichrosen wie auch zahlreiche andere Wasser- und Uferpflanzen machen den See einzigartig.

Zauberkraut für die Haut. „Kalmus hast du mir nicht um Geld gekauft", kann man schon beim Propheten Jesaja im Alten Testament nachlesen. Wenn das so ist, gehe ich eben auch auf die Suche in der Natur. Über Kalmus und seine wohltuende Wirkung für die Haut habe ich schon viel gehört. Vor allem das Wasser des Gösselsdorfer Sees soll reich an Kalmus-Wirkstoffen sein. Die Pflanze gedeiht am Ufer prächtig.

Doch wer denkt, Kalmus mithilfe von Fotos in der Natur selbstständig finden zu können, der irrt. Unterstützung muss her: Ich finde sie in Form der Kärntner Kräuterpädagogin Christine Spazier, liebevoll auch Kräuterspatz genannt. Sie ist gut gebucht, denn Kräutersammeln liegt im Trend. Das ist wohl eine kleine Gegenbewegung zu Fast-Food und Geschmacksverstärkern. Das Kräuterwissen unserer Großmütter ist in unserer industrialisierten Welt, in der selbst Schnittlauch und Petersilie praktisch beschriftet im Supermarkt liegen, vergessen worden. In ihren Kursen hilft die Expertin, genau das wiederzufinden. Und zwar wortwörtlich: „Ein Kraut musst du selbst gefunden, gesammelt und verarbeitet haben, um es zu kennen", sagt Spazier und hält zur Selbstständigkeit an.

Die besten Zeiten, um Wurzeln zu ernten, sind das Frühjahr und der Herbst, erklärt mir die Kräuterexpertin. So wählen wir einen schönen Septembernachmittag, an dem einige Badegäste am Steg die letzten Sonnenstrahlen des Jahres genießen. „Die Wurzeln des Kalmus stehen im Wasser", zitiert Spazier eine Kräuterweisheit und wir waten in Ufernähe am Schilfrand entlang.

Direkt aus dem Boden gezogen. Typisch für die Kalmuswurzel ist ihr dicker Wurzelstrang mit vielen weiteren kleinen Wurzeln.

Die Sumpfpflanze ist für unbedarfte Botaniker wie mich nicht erkennbar. Ich erfreue mich am satten Grün und am Hellbraun des Schilfes, das in der Sonne leuchtet. Spazier jedoch achtet auf die Details. Schnell findet sie einige vielversprechende Pflanzen. Sie zeigt auf schwertähnliche Blätter mit unterschiedlichen, verlaufenden Grüntönen. „Typisch, diese Wellen am Rand!", ruft Spazier und greift zum mitgebrachten Kramperl (ein kärntnerischer Ausdruck für eine „kleine Gartenhaue"). „Wurzeln erntet man sonst mit einem Krickerl", erklärt mir die Expertin. Das ist ein Rehgeweih, das

Böcke zwischen Oktober und Dezember abwerfen. Danach wächst es wieder neu. Mit so einem Krickerl erzielt die Kräuterpädagogin beim Ausgraben von Wurzeln eine praktische Hebelwirkung. „Das organische Material schadet dem Boden nicht“, erklärt mir Spazier. Im sumpfigen Ufer funktioniert das aber nicht, deshalb muss hier ausnahmsweise ein handelsübliches Kramperl aus Metall her. Beherzt greift sie in den Matsch und zieht ein Stück typischer Kalmuswurzel aus dem Erdreich. An einem gut zwei Zentimeter dicken Wurzelstrang hängen viele weitere kleine Wurzeln im rechten Winkel von der Pflanze ab.

„Kräuterspatz“ Christine Spazier

Eigenwilliger Geschmack. „Riechst du das?“ Ich schnuppere, ein eigentümlicher Geruch verbreitet sich. Nach Orangen und Pfeffer, süß und aromatisch-herb duften die leicht rötlichen Stränge. Frau Kräuterspatz bricht ein Stück ab, säubert es und fordert mich zum Kosten auf. Die bittere Wurzel mit dem eigenwilligen Geschmack wird in Apotheken heute vor allem als Bittermittel zur Appetitanregung und Regulierung von Magen-, Darm- und Gallenbeschwerden verkauft.

Entdeckt wurde der Kalmus als Heilkraut in Indien und China, wo er beheimatet ist. Erst im 16. Jahrhundert wurde der Kalmus langsam auch bei uns bekannt. Im 18. Jahrhundert hat man die Wurzeln besonders gerne kandiert und als „Deutscher Ingwer“ verkauft. Vor allem als Magenbitter angesetzt oder als Likör hilft Kalmus bei Verdauungstörungen. Die ätherischen Öle wirken krampflösend, Asarone beruhigen.

Besonders in der ayurvedischen und chinesischen Medizin spielt er eine große Rolle. Doch im Westen steht man der Pflanze nach wie vor skeptisch gegenüber. Einerseits waren hierzulande, als die Pflanze in Europa auftauchte, bereits viele Kräuter gegen Magenbeschwerden gewachsen. Andererseits stehen Gesundheitsapostel den enthaltenen Asaronen skeptisch gegenüber. Schwangeren wird Kalmus nicht empfohlen. Früher wurde zahnenden Kleinkindern ein Stück Kalmus zum Kauen gegeben, davon wird mittlerweile abgeraten.

Starke Nerven. Als Geheimtipp gilt die Kalmuswurzel jedoch nach wie vor für die Raucherentwöhnung. Der Geschmack des Kalmus vergällt dem Raucher die Freude an der Zigarette. Die Wirkstoffe lassen den Rauch im Mund so unangenehm schmecken, dass einem übel wird.

Anfang des 20. Jahrhunderts entstanden vielerorts Kalmusbäder, so auch in Klagenfurt. Das Klagenfurter Bad an dem mit Kalmus bewachsenen Wörtherseeabfluss, den man im Volksmund Sattnitz nennt, gilt als Teil der Arbeiterbadekultur und als Zeichen damaliger Urbanität der Landeshauptstadt. Man schätzte die Wirkstoffe, die die Pflanze ans Wasser abgab. Wer heute Kalmuswurzel (aus der Apotheke oder selbst gepflückt) ins Badewasser gibt, wird eine stimmungsaufhellende Wirkung bemerken. Außerdem soll so ein Bad hilfreich bei Erschöpfungszuständen sein und Blutdruck wie Nerven stärken.

Auch das Wasser im Gösselsdorfer See ist mit Kalmus-Wirkstoffen gesättigt und soll bei der Hautregeneration helfen. Das nutzen selbst am Ende der Badesaison einige Besucher in dem ein wenig versteckt gelegenen öffentlichen Bad am Westufer. Waldstücke und gepflegte Liegewiesen wechseln sich in der terrassenförmigen Anlage ab. Kinderspielplatz, Beach-Volleyball-Arena und weitere Attraktionen sind so platziert, dass nicht jeder am Trubel teilhaben muss.

Kalmuswurzeln finden als Schnapsansatz oder als Badezusatz Verwendung.

Verlandung. Den Gösselsdorfer See umgeben große Schilflandschaften. Einen Teil davon kann man, ausgehend vom Campingplatz Gösselsdorfer See, sogar mit dem Boot erkunden. Die Verlandung des Sees geht jedoch stetig voran und wurde schon 1909 beobachtet. „Das Seebecken des Gösselsdorfersees ist am meisten Veränderungen ausgesetzt und das Schicksal aller Seen, wieder zu verschwinden, wird diesen in kurzer Zeit ereilen", schrieben die Forscher Max Hoffer und Hermann Krauß 1909 in „Eine naturgeschichtliche Studie über den Klopeiner-, Zablatnig- und Gösselsdorfersee". Und weiter: „Wir haben es also mit einer wohl von Anfang an seichten, durch die Tätigkeit der Natur und menschliches Eingreifen noch mehr erniedrigten, bald ganz verschwindenden Wanne zu tun, die kaum mehr den Namen See verdient."

Ich finde, sie taten dem kleinen Gewässer Unrecht. Tatsächlich verlandet das Gewässer, da große Zuflüsse fehlen, der See aber im Norden stark in die Drau entwässert. Dennoch hat der Gösselsdorfer See seine Fans. Menschliche, die das Kalmuswasser wie auch das Strandbad schätzen, aber ebenso tierische. Er ist bei Zugvögeln als Rastplatz nach der Karawankenüberquerung äußerst beliebt.

Der naturbelassene Gösselsdorfer See hat viele Fans.

Strandbad Gösselsdorfer See

→ *9141 Gösselsdorfer See*
Tel. (04236) 2168

Olympischer Suppenkoch

Neben Kärntner Schmankerln kommen beim Wallerwirt Fischspezialitäten auf den Tisch. Hier sind auch die Fischereierlaubnisscheine für den Gösselsdorfer See zu bekommen. Bekannt ist Wirt Thomas Sdovc als Gewinner der „Jauntaler Saure Supp'n Olympiade". Diese Festtagssuppe darf nicht mit der „Sauren Suppe" oder „Kirchtagssuppe" aus dem Rosental und Oberkärnten verwechselt werden. Die Unterkärntner Saure Suppe besteht aus Schweinshaxn und Kutteln, Einbrenn, Essig und Gewürzen.

→ *Gasthof-Pension Wallerwirt*
Kirchenstraße 5
9141 Gösselsdorf
Tel. (04236) 2238
www.wallerwirt.at

Kalmus-Rezepte

Kalmuswein

50 bis 100 Gramm Kalmuswurzel zerstoßen. Mit einem Liter Weißwein übergießen und 10 Tage stehen lassen. Danach filtern, kühl und dunkel lagern. Bei Verdauungsbeschwerden oder Appetitlosigkeit trinkt man ein kleines Glas. In der Volksheilkunde wird Kalmuswein bei Erschöpfung und Übergewicht eingesetzt. Er soll auch der Verjüngung dienen.

Kalmusbad

Für den Badezusatz kocht man 250 Gramm Kalmuswurzel in 2 bis 3 Litern Wasser aus und fügt den Auszug dem Vollbad hinzu. In der Volksheilkunde werden solche Bäder bei Erfrierungen, Regelbeschwerden, rheumatischen Schmerzen und zur Wundheilung angewandt.

Die Kalmuswurzeln dafür bekommt man auch in der Apotheke.

Sonnegger See und Pirkdorfer See

Der Pirkdorfer See in Feistritz ob Bleiburg wurde aus einer ursprünglichen Nassfläche künstlich geschaffen. Durch Aufstauen und Ausbaggern entstand der 3,5 Hektar große und bis zu 3,5 Meter tiefe Badesee. Der nahe Sonnegger See wurde als Badeteich in Sittersdorf ebenfalls künstlich angelegt. Er liegt in einer versumpften Senke und wird im Osten und Westen von einem Damm begrenzt. An Spitzentagen wird der 1,7 Hektar große See, der eine Tiefe von 4,5 Metern aufweist, von bis zu 1500 Badegästen aufgesucht. Um die Wasserqualität zu verbessern, hat man 1989 eine Überleitung aus dem Sucherbach installiert.

Wallfahrten seit 1500 Jahren. Die heilige Hemma ist Schutzpatronin von Kärnten und wird von Gläubigen für eine glückliche Entbindung und Linderung von Augenleiden angerufen. Hemma liegt seit 1174 in der Krypta des Gurker Doms begraben. Über ganz Kärnten zieht sich ein Netz von sogenannten Hemmapilgerwegen. Einer davon führt direkt am Pirkdorfer See vorbei. Die „Route 2" führt von Črna in Slowenien bis nach Gurk. Auf dem Weg vom Pirkdorfer See nach Westen zum Sonnegger See liegt eine der spannendsten archäologischen Stätten, die Kärnten zu bieten hat: der Hemmaberg (840 m). Der Berg war wohl bereits 1500 und 1250 vor Christus besiedelt. Die frühen Bewohner verehrten hier eine Gottheit namens Iouenat, von der sich die Namen der römischen Straßenstation Iuenna und später Jauntal, Jaunberg oder Junberg, wie der Hemmaberg auch genannt wurde, herleiten. Während der römischen Kaiserzeit (50 bis 400 nach Christus) dürfte der Berg bereits ein „Ausflugsziel" gewesen sein. Das Heiligtum wurde besucht, gewohnt haben die Römer jedoch im Tal an der Straßenstation.

Christliche Konkurrenz. In der Völkerwanderungszeit (400 bis 600 nach Christus) änderte sich die Situation. Die Bewohner zogen vom Tal in die Bergsiedlung, die mit einer Befestigungsmauer geschützt wurde. Östlich des alten Iouenat-Heiligtums entstand die erste Kirche. Entlang des Anfahrtsweges, der heute noch identisch verläuft, wurde ein Gräberfeld angelegt. Nahezu zeitgleich, um 500/510 nach Christus, entstanden hier Pilgerstätten von zwei unterschiedlichen Christengemeinden. Eine Doppelkirche der katholischen Römer und eine weitere Doppelkirche der arianischen Ostgoten. Beide Gemeindekirchen waren für zirka 300 Personen ausgerichtet. Archäologe und Ausgrabungsleiter Franz Glaser erklärt: „Die beiden Kirchen wurden prächtig ausgestattet, das dürfte auch auf eine Rivalität zwischen den beiden Religionen zurückzuführen sein."

Der Hemmaberg ist eine der bemerkenswertesten archäologischen Stätten in Europa. Gleich mehrere Kirchen verschiedener Konfessionen hat es im Laufe der Zeit und sogar gleichzeitig hier gegeben.

Der bedeutendste Unterschied der beiden Religionen lag in der Gottesvorstellung: Die Katholiken glauben an die Trinität Gottes, also an die gleiche Göttlichkeit von Vater, Sohn und Heiligem Geist. Für die Arianer hingegen war der Vater allein Gott. Jesus wurde nur als gottähnlich angesehen.
Die Arianer entwickelten Untergruppen und es wurden 18 (!) verschiedene, sich zum Teil widersprechende arianische Glaubensbekenntnisse verfasst. 381 berief Kaiser Theodosius das Erste Konzil von Konstantinopel ein, wo die Trinitätslehre fundamental gefestigt und im Nicänisch-konstantinopolitanischen Glaubensbekenntnis niedergeschrieben wurde. Kurz: Alle, die nicht an die Gottheit von Vater, Sohn und Heiligem Geist glaubten, sollten als Häretiker (Ketzer) gelten. Damit war der theologische Streitfall durch ein Machtwort beendet.
Der Hemmaberg blieb weiterhin ein Wallfahrtszentrum, in dem Reliquien von Heiligen besondere Verehrung genossen. Die arianischen Kirchen wurden von den Katholiken profan als Abstellkammern benutzt.

Ältester Prothesenträger Europas. Die Funde am Hemmaberg versetzen heute noch Archäologen in Verzückung. 1999 hat Glaser mit seinem Team auch Grabungen im Tal durchgeführt und ist auf ein Gräberfeld gestoßen, dessen Skelette künstlich turmartig geformte Schädel zeigten. „Aufgrund der Schädelumformungen und der Funde konnten wir erstmals die Ostgoten in Österreich nachweisen“, erzählt Glaser in einem Interview mit der „Kleinen Zeitung“ (Jänner 2016).

Der Sonnegger See, in der Nähe des Hemmabergs, wurde künstlich angelegt.

Jüngst wurde das Skelett eines Mannes aus dem 6. Jahrhundert gefunden, das Reste einer Fußprothese trug. „Fest steht, dass der Mann den Verlust seines Fußes unterhalb des Knöchels mehrere Jahre überlebt und die Prothese tatsächlich benutzt hat“, berichten Wissenschaftler des Österreichischen Archäologischen Instituts im renommierten „International Journal of Paleopathology“. Ältere künstliche Gliedmaßen kennt man nur aus China, Ägypten und aus römischen Berichten. Der

Das Quellwasser in der Rosaliengrotte gilt weithin als heilend bei Augenleiden.

Kärntner Prothesenfund ist der erste in Europa. Die Wissenschaftler haben das Leben des Mannes rekonstruiert: So muss es sich um einen gesellschaftlich angesehenen Menschen gehandelt haben, er wurde an einem besonders prominenten Bestattungsplatz, gleich neben der Kirchenmauer, beigesetzt. Außerdem muss ihm gute medizinische Behandlung angediehen worden sein, damit er eine derartige Verletzung überhaupt überleben konnte. Der Mann dürfte aber kampferfahren gewesen sein, ein Kurzschwert war ihm auf die letzte Reise beigegeben worden und Abnützungsspuren der Knochen weisen auf einen versierten Reiter hin. Vermutlich wurde ihm bei Kampfhandlungen, als er auf dem Pferd saß, der Fuß abgetrennt.

Um das Jahr 600 dürfte die Siedlung von Slawen überrannt und niedergebrannt worden sein. Erst 1000 Jahre später wurde auf dem Hemmaberg, der ab dieser Zeit auch so genannt wurde, die Kirche der heiligen Hemma und Dorothea gebaut. Zwischen 1498 und 1519 entstand diese zum Teil aus Material von den Kirchenruinen der Bergsiedlung. Seit dem 17. Jahrhundert wird auch die heilige Rosalia in der Rosaliengrotte auf dem Berg verehrt. Die Quelle in der Grotte soll Heilwasser spenden, das gegen Augenleiden hilft. Es soll auch helfen, „sich selbst zu mögen" und den Lebenswillen zu stärken. Allerdings ist seit 2015 der Zutritt zur Grotte wegen Steinschlaggefahr gesperrt. Einige Globasnitzer haben mit Rinnen das Heilwasser von der Quelle in der Grotte nach draußen geleitet. Aber Achtung: Das Quellwasser ist nicht als Trinkwasser geeignet!

Burgruine Sonnegg. Vom kleinen, künstlich angelegten Sonnegger See, der für kurze Spaziergänge oder eine rasche Abkühlung geeignet ist, kann man ganz in der Nähe, an der Sonneggstraße, nach Eberndorf zur Burgruine Sonnegg wandern. Ein Forstweg führt zur einst prächtigen Burg, die 1267 erstmals urkundlich erwähnt wurde. Nach mehreren Wechseln landete die Burg Sonnegg 1639 in Besitz der Familie Orsini-Rosenberg. Damals war Sonnegg noch eine gut erhaltene Residenz. Doch 1690 zerstörten ein Erdbeben und ein

Die Mauerreste der Burg Sonnegg zeugen von der einstigen Schönheit der Anlage.

Großbrand die Burg völlig. Die umliegende Bevölkerung nutzte die Burgruine als Steinbruch für den Bau ihrer Häuser, was zum völligen Zerfall führte. Dennoch kann man anhand der teilweise noch imposanten Mauerreste die einstige Schönheit der Burg erahnen.

Bademöglichkeiten

Am kleinen Pirkdorfer See befindet sich ein weitläufiger Campingplatz mit Badestrand. Das Restaurant liegt direkt am See. Am ebenso übersichtlichen Sonnegger See findet im Juli das „Acoustic Lakeside Festival" statt. Der Badestrand ist familienfreundlich.

→ *Camping Pirkdorfer See*
Pirkdorf 29
9143 Feistritz ob Bleiburg
www.pirkdorfersee.at

→ *Erlebnisbad Sonnegger See*
9133 Miklautzhof
Tel. (04237) 2020

Saure-Suppen-Olympiade

Seit einigen Jahren messen sich die regionalen Wirte bei der „Jauntaler Supp'n Olympiade" am Pirkdorfer See. Gekämpft wird nicht nur um Ruhm und Ehre, sondern auch um den „Goldenen Supp'nschöpfer". Je nachdem, in welcher Kärntner Region man sich jedoch befindet, bekommt man als Saure Suppe ein anderes Gericht serviert. Die Unterkärntner Variante der Suppe, die Anfang des Jahres im Wettstreit gekocht wird, beinhaltet: Schweinshaxn und Kutteln, Einbrenn, Essig sowie diverse Gewürze. Im Oberkärntner Raum wird die Saure Suppe auch Kirchtagssuppe, Gelbe Suppe oder Festtagssuppe genannt. Dort wird sie mit zwei bis vier Sorten Fleisch gekocht, mit süßem und saurem Rahm gebunden und mit Safran verfeinert. Der Wettstreit um diese Variante der Suppe findet jedes Jahr im Rahmen des Villacher Kirchtages in der ersten Augustwoche statt. Beide Saure Suppen sind traditionelle Festtagsgerichte, die in jeder Kärntner Familie nach eigenem Geheimrezept gekocht werden. Und selbstverständlich ist das Rezept der Oma immer das beste.

Kultberg und Museum

Die Ausgrabungsstätte auf dem Hemmaberg ist frei zugänglich. Vom Parkplatz sind es nur einige Gehminuten bis zu den Ausgrabungen. Zuerst ist ein spätantiker Speisesaal für Pilger zu sehen, in dem man noch das Fußboden- und Wandheizungssystem erkennen kann. Die sechs Kirchen auf dem Hügel sind freigelegt worden und gut zu erkennen. Kostbare Mosaike und weitere Funde, wie gotische Langschädel (ein menschlicher Kopf, der traditionell absichtlich verformt wurde) oder Schmuck, sind im Pilgermuseum Hemmaberg-Juenna in Globasnitz zu sehen.

→ ***Gemeindeamt Globasnitz***
9142 Globasnitz 111
Tel. (04230) 310

→ ***Museum***
9142 Globasnitz 2
www.museum-globasnitz.at
Öffnungszeiten: 1. Mai bis 17. Oktober
10 bis 12 und 14 bis 17 Uhr.
Montag geschlossen.

St. Andräer See

So reich Mittelkärnten an natürlichen Seen ist, so wenige findet man im Lavanttal. In St. Andrä hat man sich selbst geholfen und 5 Kilometer südlich der Stadt einen Baggersee angelegt. Der grundwassergespeiste See wurde unter strengsten Umweltauflagen naturschonend an die bestehende Landschaft angepasst. Seit 1990 ist die Anlage rund um den 3,5 Hektar großen Badesee mit durchschnittlich 4 Metern Tiefe in Betrieb. Im Winter verwandelt sich der See mit 10 000 Quadratmetern zum größten Eislaufplatz des Lavanttals.

Strandbad-Gourmets. Wie schön, wenn man eine Recherche mit einem angenehmen Abend verbinden kann. Als ich jedoch meiner Lektorin ein Arbeitsessen „im Strandbad" vorschlug, dachte sie im ersten Moment wohl an „Pommes" (das typische Gericht der Kinder und Jugendlichen im Badimbiss – Pommes frites mit Ketchup und Mayonnaise). Ihr Blick war erstaunt, als ich schließlich damit herausrückte, welches Strandbadrestaurant mir da vorschwebte: das Anfora von Bernhard Jandl. Dieser Koch ist ihr als Feinschmeckerin natürlich ein Begriff. Seit acht Jahren betreibt er erfolgreich das Strandbadrestaurant am St. Andräer See.

Wer noch nie hier war, ist trotzdem skeptisch, wenn man am großen Strandbadparkplatz aus dem Auto aussteigt und am Kassenhäuschen vorbeigeht. Ist das Abendoutfit nicht doch ein bisschen overdressed? Mitnichten! Sobald man in das Restaurant stöckelt, ist man in der Anfora-Welt angekommen. Das Temperament von Vollblutgastronom Jandl ist spürbar.

Seine Lebensphilosophie hat er grandios umgesetzt: geschmackvoll, aber nicht überkandidelt. Wer an einem Sommernachmittag auf der Terrasse im Strandoutfit Platz nimmt, fühlt sich genauso wohl wie an einem Herbstabend die schicke Abendgesellschaft. Jandl und sein Restaurant sind kompromisslos „echt".

Der Maestro Bernhard Jandl in Action am Herd

Speisekarte eines Globetrotters. Mit unnachahmlicher Leichtigkeit kombiniert der Pächter so nicht nur Badespaß und kulinarische Raffinesse, sondern auch asiatische, regionale und mediterrane Küche. Es darf genauso ein amerikanisches Steak oder echte Hausmannskost sein. „Ach, bei mir gibt es alles durch die Bank", lacht Jandl über meinen kläglichen Versuch, ihn in eine kulinarische Schublade zu stecken. Er hat sogar drei Monate bei einem Sushi-Meister gelernt. Die Perfektion als Koch hat er sich in den großen Häusern rund um die Welt angeeignet, London, Singapur, Australien, Italien – auf seiner persönlichen Landkarte gibt es nicht viele weiße Flecken.

Flammen im Gastraum. Die Einrichtung im Anfora hat der Chef perfekt auf seine Vorstellungen abgestimmt. Saloppe Plaudereien und das eine oder andere hervorragende Glaserl Wein mit den Gästen gehören bei ihm dazu. So scheint auch die Küche baulich in den Gastraum integriert. Den Flammen im Gaucho-Kamin, in dem am offenen Feuer gekocht wird, kann man vom Tisch aus zusehen.
Kurz verschwindet Jandl und zaubert Köstliches auf die Teller – mit flinker Hand entstehen kleine Kunstwerke. Küchengeheimnisse gibt Jandl übrigens gerne weiter: mehrmals im Jahr veranstaltet er Kochkurse, zusätzliche auf Anfrage (10 Personen).

Für ein Glaserl Wein mit den Gästen hat der Vollblutgastronom Bernhard Jandl immer Zeit.

Da er sein Wissen offenherzig weitergibt, wage ich zu meiner Ahnungslosigkeit zu stehen, als er mir einen Orange-Wine zum Kosten gibt. Was, bitte, sind denn bloß orange Weine? Ich bekomme eine Erklärung, die es so wohl nur von Bernhard Jandl gibt: „Das ist Weißwein, der wie Rotwein hergestellt wird. Die Trauben werden mit den Schalen vergoren, dabei werden mehr Tannine und Farbstoffe extrahiert und das verleiht dem Wein eine dunkelgelbe bis orange Farbe. Und das Beste ist: Hangover gibt es bei so einem Wein auch keinen!“

Strandbad
Das Strandbad St. Andrä ist besonders familienfreundlich. Neben Restaurant und Seebühne für Feste gibt es Kinderspielplätze, Minigolf, Wasserrutschen, Beach-Volleyball und sogar einen Sprungturm.
→ *Tel. (04358) 27 10-77*

Das **Café Restaurant Anfora** liegt direkt am Strandbadeingang. Vor allem am Wochenende empfiehlt es sich, abends zu reservieren.
→ *Anfora*
St. Jakob 35
9433 St. Andrä
Tel. (0664) 1172571
www.restaurant-anfora.at
→ *Öffnungszeiten: Dienstag bis Samstag 11 bis 14 Uhr und 17 bis 22 Uhr. Sonntag 11 bis 14 Uhr. Abends geschlossen. Montag Ruhetag.*

Glossar zu verwendeten Fachbegriffen

Balneomedizin: Die Lehre der therapeutischen Anwendung von natürlichen Heilquellen und deren Wasser. Heilwasser weist einen höheren Gehalt von gelösten Mineralstoffen und radioaktiven Stoffen auf als normales Trinkwasser.

C14-Methode: Die Radiokarbonmethode ist ein Verfahren zur Altersbestimmung organischer Stoffe. Sie basiert auf dem radioaktiven Zerfall des Kohlenstoffisotops C14. Diese Isotope werden von allen lebenden organischen Lebewesen aufgenommen. Nach ihrem Tod können sie keine weiteren Kohlenstoffisotope mehr absorbieren und die vorhandenen C14-Isotope zerfallen. Durch die bekannte Halbwertszeit dieser Isotope kann das Alter der organischen Stoffe bestimmt werden.

Coprophile Pilze: In der Mykologie (Lehre der Pilze) sind solche Pilze Arten, die vorzugsweise oder ausschließlich auf Dung, Mist und tierischen Exkrementen wachsen.

Einbaum: Die Urform des Bootes, die heute vor allem bei indigenen Völkern vorkommt. Der Rumpf ist aus einem einzigen Baumstamm gefertigt. Das älteste in Europa gefundene Exemplar kommt aus den Niederlanden und ist 8000 Jahre alt.

Endteufe: Bergmänner bezeichnen damit den tiefsten Punkt einer Bohrung.

Entkusselung: Die Beseitigung junger Gehölze von Heideflächen, Feuchtwiesen und Moorflächen. Dabei werden mit Spaten, Motorsensen und -sägen aufkommende Bäume entfernt, um eine Verwaldung zu verhindern.

Eutrophierung: Eine Nährstoffanreicherung in Gewässern. Gibt es ein Überangebot, nennt man das Eutrophie. Das hat eine unerwünschte Zunahme von Algen und unkontrolliertes Wuchern von Pflanzen zur Folge, welches das ökologische Gleichgewicht stört.

FKK: Abkürzung für Freikörperkultur (auch Nudismus genannt). Erwachsene wie Kinder baden ohne Bekleidung aus Freude an der Natur. Die Nacktheit wird hier ohne Ausdruck der Sexualität verstanden.

Hallstattzeit: Ein Zeitraum von 800 bis 450 vor Christus in der älteren Eisenzeit in Mitteleuropa. Namensgebend ist ein Gräberfund im Jahr 1846 am Salzberg bei Hallstatt. Ethnische Zuweisungen der Träger der Hallstattkultur sind nicht möglich. Es gab Bauern, Handwerker, Händler, die Spitze der Gesellschaft bildeten adelige Krieger, die in reich ausgestatteten Hügelgräbern bestattet wurden.

Hegene: Eine Angelschnur, von der seitlich weitere, kürzere und in der Höhe versetzte Schnüre abgehen. Daran werden beim Fischen die Nymphen (Köder) befestigt.

Karbon: Das Paläozoikum ist das älteste Erdzeitalter von 541 Millionen Jahre bis 252 Millionen Jahre vor heute. Es unterteilt sich in folgende Perioden:

> *Kambrium:* 541 bis 485 Millionen Jahre vor heute, Tiere im Meer beginnen Hartschalen zu entwickeln.
>
> *Ordovizium:* bis 443 Millionen Jahre vor heute, es gibt Kopffüßer, Orthoceren und eine Meeresfauna.
>
> *Silur:* bis vor 419 Millionen Jahren erste Pflanzen an Land.
>
> *Devon:* bis vor 358 Millionen Jahren, Fische dominieren das Wasser, es gibt artenreiche Lebensgemeinschaften von Pflanzen und Tieren an Land.
>
> *Karbon:* bis vor 298 Millionen Jahre, es kommt zu Klimagegensätzen, am Großkontinent Godwana auf der Südhalbkugel ist es kühl, am nördlichen Kontinent Laurasia wachsen sumpfige Tropenwälder.
>
> *Perm:* bis vor 252 Millionen Jahren, das Klima wird trockener. Das Perm endet mit einem Massenaussterben vieler Meeresbewohner und zahlreicher Landtiere.

Meromiktisch: Ein stehendes Gewässer, in dem die vertikale Wasserzirkulation nicht über alle Tiefenschichten vollständig stattfindet. Die Zirkulation begrenzt sich auf einige Schichten. Dadurch bilden sich Zonen mit verschieden alten Wassern. Ein dimiktischer See durchmischt sich saisonal zumindest ein Mal jährlich zur Gänze. Damit wird auch in den untersten Schichten Sauerstoff eingebracht.

Mesotropher See: Ein Wasserkörper mit geringen Nährstoffgehalten und mäßiger Produktivität. In großer Wassertiefe werden Nährstoffe und Biomasse oft am Seegrund festgehalten und damit dem Kreislauf entzogen. Oligotrophe Seen sind noch ärmer an Nährstoffen, eutrophe Seen sind hingegen nährstoffreich.

Monimolimnion: Der Tiefenwasserbereich von meromiktischen Seen. Das Wasser ist in dieser Zone frei von Sauerstoff und voller Abbauprodukte von Biomasse (Pflanzen und verstorbene Tiere usw.). Dadurch erhöht sich seine Dichte und eine Durchmischung wird immer schwieriger. Das Wasser aus diesem Bereich riecht nicht besonders gut.

Neobiota: Pflanzen (Neophyten) und Tiere (Neozoon), die sich ohne oder mit menschlichem Zutun in einem Gebiet angesiedelt haben, in dem sie zuvor nicht heimisch waren. Zu den wichtigsten Transportmitteln für Neobiota gehört der weltweite Güterverkehr. Neobiota müssen nicht immer negative Auswirkungen haben. Sie können aber die heimische Artenvielfalt beeinflussen oder auch Krankheiten einschleppen, denen heimische Arten nicht gewachsen sind.

Neolithikum: Die Jungsteinzeit ist eine Epoche der Menschheitsgeschichte vor zirka 12000 Jahren. Nomadische Lebensweisen wurden von den Völkern zu dieser Zeit aufgegeben. Ackerbau, Viehzucht und Sesshaftigkeit in Dorfgemeinschaften hielten Einzug.

Nymphe: Ein speziell gebundener, künstlicher Köder beim Fischen, der Larven von Wasserinsekten nachahmt.

Plankton: Winzig kleine Organismen, die im Wasser leben und deren Schwimmrichtung von den Wasserströmungen vorgegeben wird. Plankton ist in Gewässern allgegenwärtig. Man unterscheidet Bakterioplankton mit Kokken und Stäbchen, Phytoplankton (pflanzliches Plankton), das kleine Algenarten beinhaltet, und Zooplankton (tierisches Plankton), in dem sich Einzeller, Larven, Würmer, winzige Krebstierchen usw. bewegen.

Postglazial: Die Masse des Gletschereises ließ die Erdkruste an den betroffen Stellen in den Erdmantel sinken. Die flüssigen Bestandteile des Erdmantels flossen seitlich ab und wölbten die Erdkruste außerhalb des Eispanzers aus. Das nennt man postglaziale Landerhebung.

Quartär: Der jüngste Zeitabschnitt der Erdgeschichte. Es beginnt vor 2,6 Millionen Jahren und dauert bis heute an. Zum Quartär gehört auch die Steinzeit, die vor 700 000 Millionen Jahren begann.

Radiästhesie: Rutengehen oder Pendeln gehören zur Radiästhesie. Feinfühlige Menschen können mit diesen Werkzeugen diverse Strahlen wahrnehmen. Brunnenbauer nutzen Wünschelruten zur Auffindung von Quellen. 1929 führte der deutsche Naturforscher Gustav Freiherr von Pohl das Konzept der Erdstrahlen und unterirdischen Wasseradern ein, die von begabten Menschen (Radiästheten) auffindbar sein sollen.

Ramsar Konvention: Schutzgebiete zur nachhaltigen Nutzung von Feuchtgebieten, insbesondere als Lebensraum für Wasser- und Watvögel mit internationaler Bedeutung. Ramsar ist eine Stadt im Iran, in der das Abkommen 1971 unterzeichnet wurde.

Schwingrasen: Eine schwimmende Pflanzendecke aus Moosen und anderen ausläuferbildenden Pflanzen am Ufer eines Sees. Achtung: Schwingrasen ist nicht immer tragfähig, obwohl er so aussieht.

See: Ein See ist ein empfindliches und weitgehend geschlossenes Ökosystem. Das Stillgewässer kann durch Zuflüsse oder Quellen gespeist werden, meistens besitzen Seen auch einen Abfluss. Per Definition ist ein See von Landfläche umgeben und wesentlich tiefer als ein Teich, Tümpel oder Weiher.

Seggen: Krautige und ausdauernde Sauergrasgewächse. Sie kommen in kalten und klimatisch gemäßigten Zonen vor. Es gibt an die 2 000 Arten. Sie fühlen sich häufig an feuchten und nassen Standorten wohl. Leicht erkennbar durch ihre buschige Wuchsform.

Ständische Epoche: Stände sind gesellschaftliche Gruppen, die sich durch Vorrechte oder Benachteiligungen klar voneinander unterscheiden. Die einfachste Variante ist die Unterscheidung von

Obrigkeit und Untertanen. Die mittelalterliche und neuzeitliche Gesellschaft Europas gliederte sich auf diese Weise. Während der Zeit der Karolinger forcierte man diese Ranggesellschaft nach Vorbild des Römischen Reichs. In Kärnten dauerte die Epoche von 1518 bis 1861. Anfang des 16. Jahrhunderts wurde Klagenfurt von Kaiser Maximilian I. den Kärntner Ständen geschenkt, die es erweiterten und zur Festung ausbauten. Bei der habsburgischen Länderteilung 1564 blieb Kärnten bei Innerösterreich. 1578 gewährte Karl II. dem Kärntner Adel Religionsfreiheit, um Unterstützung gegen die Türken zu erhalten. Diese wurde aber wenig später mit der landesfürstlichen Gegenreformation wieder aufgehoben. Die Protestanten wanderten aus, die Kärntner Stände wurden geschwächt. Endgültig gebrochen wurde die Macht der Stände zwischen 1748 und 1756, als mit der Verwaltungsreform von Kaiserin Maria Theresia Kärnten in Kreise (Villacher, Klagenfurter, Völkermarkter Kreis) eingeteilt wurde. Durch das Toleranzpatent von Joseph II. konnten sich die verbliebenen Protestanten wieder zu ihrem Glauben bekennen. Zwischen 1783 und 1787 wurden mehrere Kärntner Klöster aufgehoben. Es folgten die Franzosenkriege. Nach der Französischen Revolution von 1848 wurde auch im besetzten Kärnten ein provisorischer Landtag frei gewählt. Es wurde ein selbstständiges Kronland und die Grundentlastungen der Bauern lösten die Abhängigkeit von alten Grundherrschaften. Mit der Wahl des 1. Kärntner Landtages trat am 6. April 1861 die bis heute maßgebende Gesetzgebungsperiode in Kraft.

Toteiskörper: Gletschereis, das mit dem aktiven Gletscher nicht mehr verbunden ist und sich deshalb auch nicht mehr bewegt. Meist ist es mit Schotter bzw. Sedimenten bedeckt.

Truchsesse: Der oberste Aufseher über die fürstliche Tafel in der mittelalterlichen Hofgesellschaft. Truchsessen gehörten zum Hofstaat und mussten sich durch Eid verpflichten.

Umkippen eines Sees: Eine plötzliche und katastrophale Zustandsveränderung eines Gewässers. Es kommt durch unterschiedlichste Auslöser (zu dicke Eisdecke oder Eutropierung) zu einem drastischen Sauerstoffabfall im See und so beispielsweise zu einem Fischsterben.

Unionidae: Die Familie der Fluss- und Teichmuscheln. Sie kommen in Fließ- und Stillgewässern in Europa, Nordafrika und dem Nahen Osten vor. Nur eine einzige Art hat man auch in Ostasien gefunden.

Völkerwanderung: Unter dem Begriff werden verschiedene Ereignisse in den Jahren 400 bis 600 zusammengefasst. Expansion, Beutezüge, Belagerungen, Flucht, kontrollierte Ansiedlungen im Römischen Reich, Feldzüge des Römischen Kaisers einerseits. Die Mongolen (Hunnen) bedrohten andererseits die Goten, die aus Skandinavien kamen, im südrussischen Raum. Die Goten wichen auf römisches Reichsgebiet aus und siedelten sich dort an. Sie hatten von den Hunnen aber auch Traditionen übernommen, wie die künstliche Schädelverformung, die zu Langschädeln führte. Die Westgoten plünderten 410 sogar die Stadt Rom, gründeten Reiche in Frankreich und Spanien. 100 000 Ostgoten zogen im militärischen Auftrag des oströmischen Kaisers Zeno im Jahr 488 aus dem Balkanraum nach Italien und übernahmen das Weströmische Reich, zu dem auch das heutige Kärnten gehörte.

Würm-Glazial: Das Würm-Glazial, auch Würmeiszeit genannt, ist die letzte Kaltzeit im Alpenraum. Die Gletscher der Würmzeit reichten über die Alpen hinaus. Sie dauerte in etwa von 115 000 bis 10 000 Jahre vor heute.

Zugergläser: Speziell geformte Glasbehälter zur Fischeierbrütung, in dem die natürlichen Wasserbedingungen wie Temperatur und Strömung nachgeahmt werden.

Quellenangaben

Verwendete Literatur:

Brunner, Feilacher, Holzinger: Naturführer Sablatnigmoor. Naturwissenschaftlicher Verein für Kärnten, Klagenfurt, 1995

Bulfon, Andrea: Naturschutzgebiete in Österreich. Band 4: Kärnten, Steiermark. Monographien des Umweltbundesamtes 38D, Wien, 1993

Fräss-Ehrfeld, Claudia: Geschichte Kärntens: Die ständische Epoche. J. Heyn, Klagenfurt, 1994

Ginhart, Karl: Dehio Kärnten – Die Kunstdenkmäler Österreichs. Dritte, erweiterte Ausgabe bearbeitet von Gabriele Russwurm-Biró. Bundesdenkmalamt, Schroll, Wien, 2001

Glaser, Franz: Kelten, Römer, Karantanen. Carinthia, Klagenfurt, 1998.

Gleirscher, Paul: Keltisch, frühmittelalterlich oder türkenzeitlich? Zur Datierung einfach strukturierter Wehranlagen im Südostalpenraum. In: Beiträge zur Mittelalterarchäologie in Österreich 26, Österreichische Gesellschaft für Mittelalterarchäologie, 2010

Gleirscher, Paul: Keutschach und die Pfahlbauten in Slowenien und Friaul. UNESCO-Welterbestätten. Hermagoras, Klagenfurt, 2014

Golob B., Honsig-Erlenburg W. et al.: Der Millstätter See – aus Natur und Geschichte. Naturwissenschaftlicher Verein für Kärnten, Klagenfurt, 2013

Gostencnik, Kordula: Die Ausgrabungen auf dem „Lug ins Land" bei Molzbichl von 1992–1995. Ein Vorbericht. Carinthia I, Klagenfurt, 2000

Graber, Georg: Sagen aus Kärnten. 5. Auflage, Graz, 1941

Hartl H., Sampl H., Unkart R.: Kleinode Kärntens. Nationalparks, Naturschutzgebiete, Landschaftschutzgebiete, Naturdenkmale. Kärntner Druck- und Verlagsgesellschaft, Klagenfurt, 1993

Jahne, Ludwig: Drei Nacht- und Nebelbilder aus Kärnten und Krain. Paternion–Weissensee –Gail–Thal–Veldes. In: Neue Deutsche Alpenzeitung, 12, 1879

Karpf K., Meyer Th.: Die große Geschichte einer kleinen Kirche – Die Magdalenenkapelle von Baldersdorf in Kärnten. Beiträge zur Kulturgeschichte Oberkärntens 1, Spittal/Drau, 2004

Kreuzer, Anton: Aus dem Kärntner Alltag vor hundert Jahren. Verlag des Geschichtsvereines für Kärnten, 1965

Lassnig, Simone Madeleine: Denkmäler der Reformationszeit und des Geheimprotestantismus im Raum Paternion. Die Hundskirche und umliegende Denkmäler. Diplomarbeit. Universität Wien, 2010

Leeb, Rudolf: Reformation, Gegenreformation und katholische Konfessionalisierung in Kärnten. In: Carinthia I: Mitteilungen des Geschichtsvereins für Kärnten, Band 190, Geschichtsverein für Kärnten, Klagenfurt, 2000

Lux, G., Weichselbraun, H.: Gold in Österreich. Eine Schatzsuche. Styria premium, Wien–Graz–Klagenfurt, 2015

Lux, G., Weichselbraun H.: Kärntens geheimnisvolle Unterwelt. Stollen. Höhlen. Verborgene Gänge. Styria regional Carinthia, Wien–Graz–Klagenfurt, 2013

Mildner, Kofler: Zur Verbreitung von Egeln (Annelida: Hirudinea) in Kärnten und Osttirol. Carinthia II, Klagenfurt, 1988

Müller, Ingo: Handbuch der Blutegeltherapie. Haug Fachbuchverlag, Stuttgart, 2000

Noë, Heinrich: Das Österreichische Seenbuch. München, 1867.

Pogatschnigg, Valentin: Die Hundskirchen in Kärnten und in der Steiermark. Ein Beitrag zur Culturgeschichte des Bergbaues. In: Grazer Tagespost 84, 1892

Prasch, Helmut: Waldglas aus Oberkärnten: 1621–1879, Selbstverlag des Bezirksheimatmuseums Spittal/Drau, 1971

Reisinger, Erich: Faunistische Notizen aus Kärnten. Carinthia II, Klagenfurt, 1953

Rogy, Heidi: Stadtgemeinde Hermagor–Pressegger See: Geschichte – Kultur – Natur, Band 38 von Aus Forschung und Kunst / Aus Forschung und Kunst. Verlag des Geschichtsvereines für Kärnten, Klagenfurt, 2010

Rossmässler, Emil Adolf: Iconographie der Land- und Süßwasser-Mollusken, mit vorzüglicher Berücksichtigung der europäischen noch nicht abgebildeten Arten. Heft I–IV, Dresden und Leipzig

Sampl, Gressel, Turnowsky et al.: Die Natur Kärntens, Band 2. J. Heyn, Klagenfurt, 1976

Strunz, Gunnar: Kärnten. Natur und Kultur zwischen Alpen und Wörthersee. Trescher, Berlin, 2014

Taurer, M. Markus: Die Großmuscheln in den Stillgewässern Kärntens. Sonderheft 59. Naturwissenschaftlicher Verein für Kärnten, Klagenfurt, 2002

Taurer, M. Markus: Eine Population der Großen Teichmuschel (Anodonta cygnea) im Lepuschitzteich (Kärnten) und deren Schicksal, Carinthia II 196/116. Klagenfurt, 2006

Taurer, M. Markus: Verbreitung der Großmuscheln in den Stillgewässern Kärntens. Diplomarbeit an der Karl-Franzens-Universität, Graz, 2001

Trenkwalder, H. G.: Seenland Kärnten. Carinthia, Klagenfurt, 1979

Wöss, Emmy: Süßwasserwelten, Limnologische Forschung in Österreich. Biologiezentrum des Oberösterreichischen Landesmuseums N. S. 163, Linz, 2014

Internet:

www.nbo-nachbarschaft-ossiach.at/news/nbo-schluchtweg/

de.wikipedia.org/wiki/Tscherniheim

www.kis.ktn.gv.at

www.burgen-austria.com

Bildnachweise

Fotos: Claudia Lux

Vielen Dank für die freundliche Genehmigung zur Verwendung ihrer fotografischen Meisterwerke an:

Abenteuer Affenberg: S. 91
Dive-World: S. 33
Dolfi Scherer: S. 8, 9, 10, 13, 14, 20, 22, 23, 68, 82, 84, 85, Umschlagrückseite (2)
Fotoquadr.at/Helmuth Weichselbraun: S. 160, 161, 169, 170, 208
Gailtaler Zeitbilder: S. 27
Gerdl, Franz: Cover
Hotel Hochschober: S. 83
Köstl, Gerald: S. 17
Kuratorium Pfahlbauten UNESCO-Welterbe: S. 148
Kusternig, Christian: S. 2, 32, 53, 54, 87, 101, 108
Kusternig, Waltraud: S. 7
Lux, Franz: S. 197, 63
Lux, Helga: S. 34, 44, 56, 57 (beide), 60, 61, 62, 64, 65, 92, 96, 116, 150, 162
Madritsch, Christiane: S. 118
Marolt, Maximilian: S. 175
Pixelpoint/Wolfgang Handler: S. 116, 117, 119, 120, 121, 122, 126, 146, Umschlagrückseite (2)
Richter, Nicole: S. 122, 172, Umschlagseite 3
Schönlaub, Hans Peter: S. 12
Spazier, Christine: 191
Sterz, Peter: S. 21
Taurer, Markus M.: S. 137
Weinberger, Rudi: S. 66

Die Autorin

Claudia Lux ist ein echtes Kärntner Sommerkind. Sie wurde im Juli 1978 in Villach geboren. Die Ferien verbrachte sie als Wasserretterin am Faaker und Ossiacher See.
Seit 1998 arbeitet die ausgebildete Mediatorin als Journalistin für die Redaktion der „Kleinen Zeitung".